COLEÇÃO
PROJETO DIAMANTE BRUTO
LIVROS CRISTÃOS

Agradeço a Deus, o Pai e meu Senhor e Salvador Jesus Cristo, por todo bem que Deus tem feito por mim. Agradeço ao Deus que me criou e que me salvou. Agradeço ao meu Deus que me remirá de todas as minhas maldades. Agradeço a Deus pelo sangue do Cordeiro que foi derramado na cruz do Calvário, e pelo Espírito Santo que foi enviado. Agradeço a Deus por sua maravilhosa graça e por sua misericórdia. Agradeço a Deus por sua bondade e por sua fidelidade. Agradeço a Deus pelo seu amor e pela sua justiça. Agradeço a Deus por sua benignidade e por sua benevolência. Agradeço a Deus por sua paciência e por sua longanimidade. Graças a Deus, graças ao único Deus eterno, bendito e verdadeiro. Agradeço a Deus, a Deus somente.

A Deus seja o domínio, o louvor e a glória para sempre. Amém.

FRANCISCO EDSON DA ROCHA
COOPERADOR FRANCISCO
Nº Registro: 919.586 Livro: 1.794 Folha: 345
DESVIO PARA O ABISMO

DESVIO PARA O ABISMO

COOPERADOR FRANCISCO

(Trabalhador da última hora)

Sumário

Introdução.

— *Confio no Senhor, e não em mim mesmo, confio no Senhor, e não no meu próprio entendimento. Confio na fidelidade e na bondade do meu Deus, e não em mim mesmo.*

Como o meu quarto testemunho: '*A estrada para Sião*', este novo testemunho chamado: '*Desvio para o abismo*'; também se trata de um produto de ficção, ou seja, um romance cristão. (Ou talvez nem todo conteúdo do livro seja ficção; Deus sabe).

Entretanto, semelhante ao livro: "*A estrada para Sião*", este livro também não deixará de transmitir as verdades bíblicas e a verdadeira mensagem do evangelho; não de um novo evangelho deturpado, mas do genuíno evangelho do Senhor Jesus.

Elaborei oito contos, com nove protagonistas, que serão contados em oito capítulos, oito ideias e oito situações, mas uma só mensagem: um grito de alerta às ovelhas, ou seja, à igreja, para que elas nunca se desviem do Caminho da verdade.

Ora, qual é o Caminho da verdade? Senão o Senhor Jesus Cristo.

E qual é o desvio para o abismo? Senão as mentiras e os enganos do diabo.

É sobre essas coisas que eu estarei falando, como de fato eu tenho falado desde o princípio, abordando e dando ênfase à expectativa da vida eterna e à ruína da perdição eterna. Deus me moveu a falar sobre isso, e sobre isso eu falarei.

De que mais eu falaria, de bênçãos e de prosperidade?

Não, já tem muitos profetas da Babilônia falando sobre essas coisas superficiais.

Eu falo de coisas que realmente importam, falo do Senhor Jesus e da vida eterna.

Este já é o meu sexto testemunho, desta série de livros chamada: 'Projeto Diamante Bruto', que certamente não será relevante para o mundo, nem premiada pelas lideranças literárias, nem tampouco me levará a ganhar um Prêmio Nobel da Paz. Que bom pra mim, pois seria uma ofensa para Deus se eu fosse premiado pelos homens; porque só há Um que pode me premiar, Aquele a quem a minha vida pertence. Estou falando do Deus de Abraão, do Senhor Jesus Cristo; a ele a minha vida pertence. Sou prisioneiro e escravo de Cristo para sempre. Que assim seja.

Não posso ir a lugar algum, estou preso pelas correntes do grande amor de Deus.

Concordo plenamente com a mensagem passada pelo meu amado irmão Leandro Marques, em uma de suas músicas, que diz: — *Tua palavra é dez, lâmpada pros meus pés, se ela eu guardar, se ela eu seguir, sei nunca vou cair...*

A palavra de Deus, de fato, é o meu alimento diário. Preciso me alimentar diariamente da palavra de Deus, tanto quanto eu preciso me alimentar no café da manhã, no almoço e na janta, com o prato popular dos brasileiros, ou seja, o arroz e o feijão; preciso me lavar e beber sempre da água desta fonte, a fonte da palavra de Deus, água que mata a minha sede espiritual. Essa mesma água que sacia a minha sede, também me lava e me purifica de toda imundícia, pois ela me conduz às veredas da verdade e da justiça; como o próprio Senhor disse:

Introdução.

"Vós já estais limpos pela palavra que vos tenho falado". (Jo 15:03)

Só assim estarei seguro contra as investidas do Enganador e contra os golpes dos lobos, ou seja, dos profetas da Babilônia; só assim ficarei firme e forte em Deus e na verdade. Oro para que a boa mão de Deus esteja mais uma vez comigo. Como todos os meus outros livros já lançados, este também será mais um trabalho tosco e bruto e, com certeza, como os outros, também poderá haver erros gramaticais — isso sem falar das muitas palavras redundantes que há nos meus textos. Mas o que realmente importa é o espírito da mensagem, isso sim é relevante, pois Deus é o meu ajudador. A Ele sejam todos os bons méritos deste projeto; quanto aos erros, pode lançar na minha conta. (Já falei isso uma vez, sim, isso é de praxe.)

Não estou preocupado em agradar aos homens, mas estou preocupado em fazer a vontade de Deus, meu Salvador. (Ok, mais uma vez estou sendo clichê.)

Mas eu gosto de ser repetitivo, pois é assim que deixo a minha marca.

Este projeto pode até ser tosco, porém nunca deixou de ser original.

Porque o que eu faço, eu faço pela fé no meu Mestre Jesus.

Sempre foi pela graça, nunca pelos meus méritos. E continuará sendo pela graça até o fim. Porque, na verdade, minha caneta nunca teve tinta para escrever coisa alguma — tudo veio de Deus, por Sua graça e por Sua misericórdia, de fato.

Que assim seja. Que seja feita a vontade de Deus, e jamais a minha.

Adoro o meu Deus, louvo o meu Senhor Jesus, amo a Palavra, os preceitos, os mandamentos e a justiça de Deus. Sim, amo a verdade. E não rejeito a correção e a repreensão, nem a disciplina e os açoites. Pois estou certo de que Deus é bom e justo. Quem vai dizer que estou mentindo, se estou falando a verdade?

Deus é o meu Juiz. A Ele seja a glória, o louvor e o domínio para sempre.

A Deus somente, e não a nós, seja o louvor e a glória. Graças a Deus.

Mais uma vez cá estou eu, mais uma vez movido pela boa mão de Deus.

Mais uma vez sem o auxílio dos homens, senão o auxílio de Deus.

Digo a verdade, não querendo me gabar, porque sei que nada sou. Mas este Projeto Diamante Bruto pode ser irrelevante para muitos, que amam as mensagens dos falsos profetas; porém creio que será relevante para a obra de Deus, e também para muitas outras almas que amam a justiça e a verdade. Porque assim o Senhor revelou ao meu espírito, e assim eu creio que será. Como Abraão, eu também estou acreditando contra a própria esperança. E, como ele, sei que não serei frustrado.

Por Cooperador Francisco: "Desvio para o abismo".

(Este testemunho ainda não é o último.)

Capítulo 01

Era uma vez um homem bem-sucedido...

"O homem que anda afastado do caminho do entendimento repousará na congregação dos mortos." (Pv 21:16)

Quando Deus criou o mundo e fez o homem à sua imagem e semelhança,

Ele não o fez para sofrer, nem para viver longe da sua presença e do seu perfeito plano. Mas o pecado original do homem, ou seja, a sua desobediência à voz de Deus, acarretou um efeito dominó que levou o homem cada vez mais para longe do seu Criador. Foi um pecado aparentemente bobo, mas que muito desagradou ao Senhor — talvez por ser algo muito fácil de ser obedecido — pois o casal Adão e Eva poderia fazer o que quisesse, menos comer um tal fruto de uma determinada árvore. Uma tarefa fácil para ambos, pois eles habitavam num jardim repleto de outras espécies de árvores frutíferas, plantadas pelas mãos graciosas de Deus.

Porque o primeiro pecado cometido pelo homem foram duas atitudes erradas. A primeira atitude errada foi ter dado ouvidos à voz da serpente.

E a segunda atitude errada foi ter confiado mais na voz da serpente do que na voz de Deus. Eles eram puros e não conheciam a maldade, mas, depois que comeram o fruto da árvore do conhecimento do bem e do mal, passaram a entender o que era certo e o que era errado; e, com isso, se tornaram condenáveis ao descobrir que, quando desobedeceram à voz de Deus, dando ouvidos à voz do diabo, fizeram o que era mal aos olhos de Deus.

Por isso, as suas próprias consciências os condenavam. Mas Adão e Eva foram lançados para fora do jardim do Éden como um sinal de punição; mas não foram lançados para longe da presença de Deus para sempre. Ou seja, eles não perderam a salvação, mas voltaram para o jardim de onde haviam sido expulsos — e isso aconteceu depois que o pó retornou ao pó.

Mas isso porque Deus já tinha um plano B para livrá-los do inferno.

Esse plano só seria concretizado por Deus futuramente, dali a muitos anos à frente. E o plano era enviar o seu Filho ao mundo para pagar o preço dos nossos pecados, desde Adão e Eva até os últimos homens, na consumação dos séculos. Por isso, a Palavra diz acerca do Cordeiro, ou seja, do Senhor Jesus Cristo, que foi morto antes da criação do mundo: *"Todos os habitantes da terra a adorarão, aqueles cujos nomes não estão escritos no livro da vida do Cordeiro que foi morto desde a fundação do mundo."* (Ap 13:8)

Deus preferiu matar o seu próprio Filho a condenar o homem ao inferno para sempre. Mas é claro que o Pai só enviou o Filho para ser morto porque o Filho concordou em morrer por amor ao Pai e por amor aos homens.

Entretanto, a maioria dos homens não aceitou o sacrifício de Jesus na cruz do Calvário e continuou vivendo longe de Deus, e, como consequência, foi lançada ao mais profundo abismo, ao inferno; e, no inferno, continuam até hoje. Por outro lado, muitas almas creram em Jesus e aceitaram o seu sacrifício; elas voltaram ao pó, mas continuam vivendo no jardim do Éden, ou seja, no paraíso. Há pessoas que já nascem em berço cristão, recebendo as instruções da Palavra de Deus desde a infância, e isso é um grande privilégio; mas, em muitos casos, esse privilégio é rejeitado por almas ingratas que, depois que se tornam adultas, sentem curiosidade de conhecer melhor os prazeres do mundo. Pois a simplicidade da vida cristã não é mais atraente para elas, comparada a uma vida de prazeres e de oportunidades dadas pelo mundo que jaz no maligno, isto é, pelo príncipe deste mundo.

Isso aconteceu com o Marcos, que nasceu em berço evangélico e cresceu ouvindo a santa Palavra de Deus; mas, pelo visto, a Palavra de Deus não penetrou em seu coração obstinado, pois, já na adolescência, durante o culto ao Senhor, ele sonhava e sentia vontade de bater as asas e voar para bem longe da igreja. Mas, por mais alguns anos, ele tolerou ir aos cultos apenas pelo temor que sentia de seus pais, pois ainda era muito jovem; mas, conforme foi crescendo, também foi se libertando do seio de seus pais e dos cultos da igreja, que lhe davam tanto sono. Ele cresceu e mudou de aparência, tanto interiormente como exteriormente; seus pais lhe deram uma boa educação, pois eram pessoas prósperas, que se preocupavam com o futuro dos filhos. Eles eram daquele tipo de caráter pessoal bem conservador.

Mas foi na faculdade, bem longe da visão de seus pais, que Marcos se sentiu cada vez mais atraído pelas coisas prazerosas do mundo; e não só isso, mas a vontade de crescer e de se tornar um homem bem-sucedido o afastava cada vez mais da vida com Deus — e isso não era nada bom, não mesmo.

Mas é claro que não era isso que seus pais queriam; seus pais tinham boas intenções e só queriam o melhor para ele. Mas Marcos não era como seus pais; ele não tinha o mesmo dom que seus pais tinham, não tinha a mesma fé e o mesmo amor que seus pais tinham por Deus. Pelo contrário, ele sempre achou que o culto e a fé em Deus eram um grande exagero, isso porque ele não acreditava. Porém, ele dizia que acreditava em Deus, mas de uma forma bem religiosa; ou seja, para ele, Deus e a igreja eram apenas uma cultura, um clube particular para aqueles que queriam fazer parte de algo diferente — algo espiritual que colocava as pessoas nos eixos morais da sociedade.

Ele não via a igreja como um mal, mas como um bem necessário para manter a sociedade em harmonia, através de uma crença em um Ser Superior.

Todavia, ele já estava cansado daquele clube e daquela cultura religiosa; estava cansado das palavras que ele sempre ouvia através dos sermões do pastor — palavras que, na maioria das vezes, o incomodavam — pois achava um exagero tanta expressão de fé. Mas respeitava a fé alheia, porém não entendia o porquê de tamanha devoção; não entendia a fé que via em muitas almas que amavam um Deus invisível. Mas isso porque a Palavra não conseguiu penetrar em seu coração de pedra. Mas o mundo, sim — esse penetrou em seu coração como o tiro de uma bala de revólver. Então ele percebeu que estava apaixonado pelo mundo e, com isso, desprezou a verdadeira vida que vem do Deus Criador, profanando assim o sangue do sacrifício que foi derramado pelo Deus encarnado, Jesus Cristo, o Filho do Deus Pai, o Deus vivo e verdadeiro, que é, que era e que há de vir.

"Quando alguém rejeita a lei de Moisés, morre sem misericórdia pela palavra de duas ou três testemunhas. Imaginai quanto maior castigo merecerá quem insultou o Filho de Deus e tratou como profano o sangue da aliança pelo qual foi santificado e afrontou o Espírito da graça? Pois conhecemos aquele que disse: Minha é a vingança, eu retribuirei." (Hb 10:28-30)

A situação de Marcos era semelhante à situação de um peixe nascido dentro de um aquário — um peixe que sonhava com a imensidão do mar.

Da mesma forma, Marcos se sentia preso pela vida religiosa que teve desde a sua infância. Isso porque ele não chegou a conhecer o Deus vivo de verdade; conheceu apenas a religião. E não se encaixou na igreja porque não conheceu a verdadeira igreja, mas conheceu apenas a instituição erguida pelas mãos dos homens. Talvez porque a sua igreja era morna, e os seus pais também eram mornos. Ou talvez por escolha própria, ao usar o seu livre-arbítrio para amar o mundo e rejeitar a Deus. Mas a verdade foi que essa foi a sua escolha, e ele estava certo de que estava fazendo a escolha certa — trocando a verdade pela mentira. Porque a mentira, mesmo sendo a mentira, isto é, uma ilusão, era palpável e bem visível aos seus olhos; mas a verdade, mesmo sendo a verdade, é invisível aos olhos do homem. Por isso, a mentira o atraiu como um ímã atrai o metal. *"Pois a fé não é para todos."* (2Ts 3:2)

De fato, a fé em Deus não era para ele — isso porque ele tinha muita fé em si mesmo. O seu grande ego matou a fé que Deus lhe havia dado, e ele não voltou atrás em sua escolha errada, mas seguiu na teimosia do seu coração.

Pois sua arrogância jamais permitiria que, um dia, ele admitisse que estava errado. Morando sozinho, longe dos seus pais e dos seus irmãos da igreja, na cidade grande onde fazia faculdade, ele não precisava mais fingir ser um santo; não precisava mais se preocupar com os palavrões que saíam de sua boca suja; não precisava mais ser dissimulado, se passando por alguém que não era — e nem queria ser. E isso foi um alívio para ele, pois queria muito provar só um pouquinho de uma vida libertina: um pouco de luxúria, um pouco de maldade, um pouco de pecado. Um pouco do sabor do mel que está debaixo da saia da grande Babilônia. Uma vida devassa, patrocinada pelos seus santos pais, que pensavam que o seu filho querido também era santo, pois eles o amavam — e o amor acredita em tudo. Mas, querendo ou não querendo, os seus pais tinham uma pequena parcela de culpa na perdição do seu filho, porque, se não se preocupassem tanto com a vida neste mundo, se não fossem tão ambiciosos, se não se preocupassem tanto com a prosperidade futura do seu filho, não o enviariam de mão beijada para o mundo. Porque, mesmo cheios de boas intenções, essas preocupações são preocupações do mundo — preocupações passageiras e irrelevantes, comparadas à vida eterna. Talvez se eles tivessem se dedicado mais a se consagrar a Deus, em oração e jejum; talvez se tivessem se dedicado mais a conhecer a Palavra de Deus; talvez se tivessem buscado com mais fervor a presença de Deus, o conhecendo cada vez mais; talvez se tivessem buscado mais a santidade, a retidão, a fidelidade, a intimidade e a comunhão com Deus; talvez se não fossem mornos diante do Senhor; talvez se fossem cheios do Espírito Santo e vazios de si mesmos; talvez se amassem mais a Deus e ao seu próximo, e menos as suas vidas mundanas e suas preocupações egoístas; talvez se não pensassem apenas em si mesmos, enfim. Talvez se eles tivessem se preocupado em agradar mais ao Senhor do que a si mesmos; talvez se estivessem mais preocupados em servir do que em serem servidos — sim, eu creio que Deus, por amor aos seus servos fiéis, teria mudado o coração de pedra do Marcos com apenas um toque, se deixando ser encontrado por ele, por amor aos seus servos. Pois Deus é poderoso para salvar quem Ele quiser salvar. Porque, se eles tivessem se esforçado mais em buscar pelo seu filho, Deus também teria se esforçado mais para conquistar o coração do seu filho — de fato, transformando a água em vinho. Porque, agindo Deus, quem impedirá? *"Eu o farei aproximar-se, e ele se chegará a mim. Pois quem por si mesmo ousaria chegar-se a mim? Diz o Senhor. [...]*

agindo eu, quem impedirá?" (Jr 30:21) (Is 43:13)

Mas Deus é soberano e não se inclina perante os caprichos dos homens, e, acima de tudo, Ele é verdadeiro e justo; aquele que pouco busca e pouco faz, pouco também irá receber. Contudo, os pais do Marcos eram cidadãos de bem, porém eram mornos. *"Conheço tuas obras, sei que não és frio nem quente. Antes fosses frio ou quente! Assim, porque tu és morno, e não és quente nem frio, estou a ponto de vomitar-te da minha boca."* (Ap 3:15,16)

Ou talvez não tenha sido por falta de zelo da parte dos seus pais, e sim pelo triste fato de que Marcos era somente mais um filho da perdição, como Judas Iscariotes. Mas, se ele era mesmo um filho da perdição, isso não foi por predestinação divina, e sim por sua própria escolha, através do seu livre-arbítrio. Como Judas Iscariotes também teve o direito de escolha para fazer o bem ou o mal, o certo ou o errado. Mas Deus é justo e verdadeiro, e respeita o livre-arbítrio de todos. O fato triste foi que Marcos nasceu em berço cristão, mas não seguiu pela estrada de Sião; pelo contrário, pegou o desvio que o levou ao abismo. Pois, por toda a sua vida curta de ilusão, nunca passou por sua cabeça deixar o caminho que o levaria ao abismo e voltar às suas raízes cristãs, retornando à estrada de Sião. Sua ambição era grande, por isso ele se tornou um homem bem-sucedido. Mas, quando era mais jovem e mais irresponsável, só pensava em curtir a vida que o mundo oferece: festas, baladas, mulheres, bebidas, drogas, enfim — uma vida devassa para uma mente devassa. Porém, sempre se preocupando em como se dar bem na vida, para continuar tendo recursos para viver uma vida de regalias.

Ele sonhava em ser o dono da festa em seu iate de luxo; sonhava em ser o anfitrião que promovia as orgias nas boates; sonhava em mandar e desmandar; sonhava em estar sempre por cima. Com tais desejos e pensamentos, ele queria mesmo ser o rei da cocada preta — mas isso porque, verdadeiramente, ele tinha o rei na barriga. Mas, por enquanto, tudo não passava de sonhos — sonhos de um jovem sonhador. Porém, foram os seus muitos sonhos e devaneios que o transformaram em um jovem promissor, pois ele era um jovem safo e totalmente focado em crescer. Pelo menos isso ele aprendeu com os seus pais: como crescer e ser próspero. Ele não herdou a fé dos seus pais, mas herdou a mesma ambição e cobiça; herdou a mesma vontade de ser bem-sucedido e ter uma vida próspera no mundo. Isso ele herdou de fato. Não herdou o lado bom e espiritual da fé em Deus, mas herdou o lado humano, com suas muitas ambições e cobiças terrenas e fúteis.

Mas os seus pais, pelo menos, tinham fé em Jesus Cristo para justificá-los e guardavam essa fé em Deus; mas Marcos era um vaso totalmente vazio de Deus. Ele começou a trabalhar como estagiário em uma empresa multinacional e, nessa empresa bem-sucedida, conheceu homens bem-sucedidos e começou a aproximar-se dos maiorais da grande empresa para aprender cada vez mais o jogo da burguesia, porque também queria fazer parte da elite da sociedade. Dissimuladamente, ele se enturmou com a alta cúpula da empresa e fez amizade com todos; ia às mesmas festas que eles iam e compartilhava com eles suas ideias, sonhos e projetos; também pedia muitos conselhos aos maiorais. E assim foi aprendendo cada vez mais como se tornar um homem próspero. Com o passar do tempo, depois que se graduou em Ciências Contábeis, passou a receber um bom salário na empresa em que trabalhava, uma grande empresa de sucesso. No começo, ele se contentou com o seu salário de contador, começando por baixo, mas com o passar dos anos foi crescendo na empresa até ser promovido a diretor financeiro da grande empresa bem-sucedida e bastante lucrativa.

Mas é claro que isso não aconteceu da noite para o dia; demorou alguns anos para que ele conseguisse alcançar seu objetivo egoísta, fútil e superficial.

Ele trabalhou e estudou muito para ser o melhor na área em que atuava e, com isso, ganhou destaque pelo seu talento. E, por ser um homem bem-sucedido, pretendentes não lhe faltavam; mas, por ora, ele fugia dos compromissos afetivos sérios, ficando com mulheres apenas por uma noite e nada mais, quando às vezes se deixava extravasar aos finais de semana para aliviar a tensão do seu árduo trabalho, que lhe exigia muita responsabilidade.

Mas um dia ele conheceu uma mulher que acertou uma flechada no seu peito, e essa mulher mexeu demais com o seu coração, a ponto de deixá-lo apaixonado, tipo, andando nas nuvens; e isso mudou de uma vez por todas o seu estilo de vida de solteiro. Porque ele passou a amá-la e, com o passar do tempo vivendo juntos como um casal de pombinhos, pediu sua mão em casamento, e ela aceitou. Então os preparativos para o casório logo começaram, pois eles estavam bastante ansiosos para viverem juntos e formar uma bela família feliz e próspera. O dia do casamento chegou, tudo correu maravilhosamente bem; em sua lua de mel, foram para a Europa. Depois de vinte dias, voltaram para o seu novo lar de amor, onde começaram a viver um novo capítulo de suas vidas como um casal de pombinhos apaixonados.

A vida seguiu o seu rumo, e eles seguiram o rumo que a vida tomou.

Tópico 02 - O destino certo.

Os anos passaram, seus filhos cresceram, as rugas começaram a surgir junto com os fios de cabelos brancos; o tempo realmente é implacável para aqueles cuja esperança está neste mundo e nesta vida terrena. Porque, conforme o tempo passa, suas vidas de ilusões também começam a desmoronar com o passar do tempo, visto que ninguém pode viver para sempre como homem, na terra dos viventes. Mas eles se contentam em trabalhar como loucos e ajuntar muitas riquezas, apenas para deixar todos os seus bens para sua posteridade. Que grande hipocrisia! Pois essa é a desculpa de todos os gananciosos que amam o poder e o dinheiro. Marcos conseguiu vencer na vida e se tornou um homem muito rico. Ele ajuntou muitos bens e patrimônios: carros de luxo, iate para o lazer, casas e apartamentos, uma conta bancária na Suíça para fugir da fiscalização da Receita Federal. Enfim, ele ganhava um bom salário, mas o que ganhava não era o bastante para torná-lo tão rico. O que será que ele fez para chegar onde chegou?

Ele trabalhou na mesma grande empresa de sucesso durante toda a sua vida. Nunca mudou de emprego, era um dos funcionários mais exemplares e bem vistos na empresa. Os donos da empresa confiavam 100% no seu trabalho, e ele tinha livre acesso a todas as finanças da empresa, bem lucrativa. Mas, por causa da sua grande ambição e ganância, por causa da sua grande cobiça pelo luxo que o mundo oferecia, não se contentando mais com o seu bom salário, ele começou a desviar aos poucos o dinheiro da empresa. E como era talentoso no que fazia, não deixava nenhum rastro de sua trapaça, e com isso conseguiu encobrir o seu roubo por muitos anos.

Por isso, ele se tornou um homem tão bem-sucedido. Sua esposa, que era inocente, pois não sabia do seu esquema, gozava com os presentes que recebia do seu marido amoroso — presentes caros como colar de pérolas e anéis de ouro e diamante. E sem falar de suas muitas viagens românticas pelo Brasil e pelo mundo que ele fazia com a sua bela esposa amorosa.

Também mimava os seus dois filhos desde cedo, dando tudo quanto eles queriam. Mesmo depois de jovens, não deixaram de receber os mimos do seu atencioso pai. De fato, ele cuidou muito bem da sua família e lhes deu uma boa vida. Mas, por outro lado, ele era um ladrão — e não um ladrão qualquer. O que ele fazia de bom para a sua família, também fazia de mau para os donos da empresa onde trabalhava, desviando parte dos lucros da empresa que tanto confiava nele, sem sentir nenhum remorso. Pois pensava consigo mesmo: — *Ah, roubar de gente rica não é tão mal assim.*

📍Tópico 02 - O destino certo.

E olha que ele aprendeu desde muito cedo que os ladrões não herdariam o Reino de Deus; mas, como era incrédulo, essas palavras que sempre surgiam em sua memória não significavam nada. E ele continuou agindo de forma desleal até o fim. Mas as consequências dos seus atos ilícitos não poderiam deixar de atingi-lo. Depois de muitos anos de desfalque, os donos da empresa começaram a desconfiar de Marcos, pois sentiram que alguma coisa estava errada na contabilidade, já que os lucros da empresa não batiam de acordo com suas contas. Então, eles contrataram um perito para investigar os negócios da empresa, sem que Marcos soubesse, e descobriram que ele havia desviado milhões da empresa. Certo dia, Marcos levantou pela manhã, como de costume, tomou o café da manhã junto com a sua família, conversaram e contaram piadas, riram muito e se despediram. Ele foi para o seu trabalho; seus filhos — o mais velho e a mais nova — foram para a universidade, onde o mais velho já estava no terceiro ano de Direito, e a mais nova no primeiro ano de Medicina Veterinária. Sua esposa, como sempre, ficou de bobeira em casa, enquanto as empregadas faziam todo o serviço doméstico. Pela manhã, ela ia para a academia malhar, para ficar em forma para o seu maridão.

Ele nunca soube, mas o tédio da rotina diária levou-a a adulterar algumas vezes; mas ele também não era santo, e também já havia adulterado. Porém, eles se amavam muito, mas traíram porque a carne é fraca. Isso porque nenhum dos dois tinha o temor de Deus. *"O procedimento da mulher adúltera é assim: ela come, limpa a boca e diz: Não fiz nada de errado."* (Pv 30:20)

Como de costume, ele fez o mesmo trajeto até o trabalho e ouvia flashbacks no volume baixo, pensando que aquele dia seria um dia comum como os outros. Mas, assim que chegou ao trabalho, foi intimado para uma reunião. Quando ele chegou à sala da reunião, lá estavam os donos da empresa e seus advogados, o perito que descobriu os seus desvios de dinheiro e dois policiais militares, prontos para algemá-lo e levá-lo à delegacia para prestar depoimento. Não houve nem discussão, pois sabia que estava errado.

Ele baixou a cabeça e ouviu os sermões dos seus patrões, que diziam:

— *Como você pôde fazer isso com a gente por tantos anos?*

Ele não sabia onde enfiar a cara de tanta vergonha, pois saiu da sala algemado, e todos os funcionários da empresa ficaram perplexos, pois não sabiam o que estava acontecendo. Mas não demorou muito para as fofocas revelarem tudo o que havia acontecido. Assim, seu nome foi desmoralizado pelas bocas de seus colegas de trabalho, por meio dos fuxicos e mexericos.

Tópico 02 - O destino certo.

Na delegacia, o perito e os advogados da empresa, junto com os donos que foram prestar queixa, apresentaram as provas de fraude e desvio de dinheiro.

E ele não quis nem saber de advogado: confessou todo o esquema do crime. Então, o delegado deu voz de prisão preventiva até o dia do julgamento. E, naquele dia, ele não voltou para casa como de costume.

Sua esposa e seus filhos não conseguiam acreditar e sofreram muito com a prisão de Marcos. Seu pai não ficou sabendo, porque já havia falecido, mas sua mãe, muito avançada em idade, quando soube que o filho havia sido preso, ficou muito triste e desgostosa da vida. Depois de uma semana, ela morreu. E Marcos, que já estava envergonhado e deprimido, depois que soube da morte de sua mãe e da vergonha que sua família estava sentindo por causa dele, não aguentou a pressão e se enforcou com um lençol dentro da cela onde estava preso, esperando o julgamento. Essa notícia viralizou no país inteiro. Ele passou uma grande vergonha em vida, mas maior ainda depois da morte. E não foi para o paraíso depois que morreu; pelo contrário, desceu ao mais profundo abismo, onde as almas perdidas são atormentadas de dia e de noite. Porque não acreditou em Deus e desprezou Sua Palavra.

Quando teve oportunidade, saiu da estrada que o levaria a Sião e pegou o desvio para o abismo, onde nunca mais sentirá a alegria e os prazeres da vida mundana. Uma pequena parte de seus bens foi confiscada, e o que sobrou ficou para sua mulher e seus filhos. Mas os milhões depositados em um banco na Suíça ficaram perdidos, pois ninguém sabia que ele tinha tal conta, senão ele mesmo. A conta que ele abriu para guardar o dinheiro ilegal era uma conta numerada; por isso, o dinheiro que ele roubou com tanto esmero ficou perdido. Mas esse era o seu destino certo — isso porque ele procurou, e acabou achando. Ele não deu nenhuma chance para Deus salvá-lo.

Quando Deus lhe estendeu a mão, ele virou as costas e andou na direção contrária à vontade de Deus. A vida passou como um filme diante de seus olhos enquanto seu corpo desfalecia, sufocando ao se enforcar na cela daquela prisão solitária. Ele se matou por nada, e mesmo assim, não se lembrou do Deus de seus pais. Esse é um triste destino que eu não desejo nem para o meu maior inimigo entre os homens do mundo. Isso é algo que Deus não quer que aconteça com ninguém. Era uma vez um homem bem-sucedido que pensava que ia viver para sempre...

Capítulo 02

O seu nome era Bela.

Ela fazia parte do coral da igreja, mas nem sempre foi da igreja. Seu nome era Bela, a bela que tanto sofreu nas mãos da fera; o diabo é a fera. O mundo machucou tanto a Bela que, como uma flor ferida, ela perdeu suas pétalas; por isso, andava deprimida e desgostosa da vida. Como um buquê de flores murchas, assim era a Bela por dentro e por fora — sua dor era bem visível.

A Bela era filha única, por isso sempre sentiu solidão. Quando era criança, era uma menina normal e saudável, até começar a sofrer abusos sexuais de um tal inquilino que passou a morar no fundo da casa de seus pais. Seus pais decidiram alugar o cômodo vazio que havia no fundo da casa alugada para ajudar nas despesas do supermercado e no próprio pagamento do aluguel.

Mas eles não sabiam que estavam colocando o inimigo dentro de casa.

Ele era um senhor de idade, já aposentado, um homem acima de qualquer suspeita. Por isso, os pais da Bela, quando saíam para o trabalho, não se preocupavam em deixar a criança sob seus cuidados, para ajudar a pequena no que fosse preciso, depois que ela chegava do colégio, que ficava perto de casa. Aos oito anos de idade, ela ia e voltava a pé, e ela mesma preparava seu almoço, que sua mãe já deixava pronto — bastava esquentar no micro-ondas.

Ela ficava a tarde inteira sozinha em casa, um prato cheio para o inquilino pedófilo. No começo, o velho a tratava com respeito, brincava muito com ela, e ela gostava do seu novo amigo, bem mais velho do que ela. Mas, com o passar do tempo, ele foi se revelando, bem aos pouquinhos, como um predador faminto. Começou com algumas carícias, colocando-a para sentar em seu colo, e pouco a pouco começou a molestar a criança, que não entendia muito bem o que estava acontecendo. Isso durou por três anos.

Sim, o velho pedófilo penetrou a menina pela primeira vez quando ela tinha apenas dez anos, e continuou abusando dela por mais ou menos um ano. Até que sua professora do colégio percebeu que havia algo estranho com a menina, que era muito reclusa e calada, diferente das outras crianças.

A professora a chamou em particular, começou a conversar com ela, e Bela acabou se abrindo e falou dos abusos que havia sofrido — e ainda continuava sofrendo — por parte do homem que morava no fundo de sua casa; um senhor de idade em quem seus pais confiavam. Naquela mesma tarde, a professora a levou para casa e ficou com ela até a chegada dos pais.

O velho safado achou tudo aquilo muito estranho, porém ficou na dele.

Mas não pôde se aproximar da Bela naquele dia, e isso deixou o velho grilado, pois havia percebido que a professora da Bela estava de olho nele.

Quando a mãe da Bela chegou, encontrou a professora em sua casa e ficou surpresa, pois aquilo nunca havia ocorrido antes. Então, a professora chamou a mãe da Bela para sair e conversar, pois tinha algo muito importante para lhe falar. Elas saíram e foram conversar, enquanto a Bela ficou em casa esperando o seu pai, que já estava para chegar. A professora contou à mãe da Bela tudo o que a menina lhe revelou, e a mãe da Bela entrou em estado de choque, passou muito mal e desmaiou. Elas estavam em uma cafeteria quando isso aconteceu. O dono do estabelecimento conseguiu despertá-la, e os dois — ele e a professora — conseguiram acalmar os nervos da mãe da Bela com palavras brandas e chá de erva-cidreira. Mais calma, a mãe da Bela pediu conselhos à professora, pois estava sem chão e não sabia o que fazer. A professora aconselhou a mãe a denunciar tudo à polícia.

Então, as duas, naquele mesmo dia, foram à delegacia para prestar queixa. Quando o pai da Bela chegou, não vendo sua esposa, perguntou à menina:
— *Uai, filha, onde está sua mãe? Ela ainda não chegou?*

Então a menina lhe respondeu: — *Ela já chegou, mas saiu para conversar com a minha professora. Já já ela tá de volta, porque falou que não ia demorar.*

O pai achou tudo aquilo muito estranho, mas estava tão cansado que pensou: — *Quando ela chegar, eu converso com ela. Mas agora vou descansar.*

Enquanto isso, a mãe da Bela e a professora relatavam o ocorrido ao delegado. Mas o delegado disse que a menina precisava fazer alguns exames de corpo de delito, e também precisava testemunhar e confirmar o caso. Então, a mãe e a professora combinaram fazer tudo discretamente, sem chamar atenção sobre o caso, para evitar que o pai e o velho pedófilo ficassem sabendo — até que tudo estivesse pronto: os exames e o depoimento da menina. Elas também concordaram em deixar a criança bem longe do velho. Então, a professora ficou com a criança em sua casa, até que tudo fosse resolvido. Mas o pai da menina ficou curioso para saber o porquê de sua filha estar na casa da professora. A mãe disse que era para ela fazer companhia à sua sobrinha, que estava de viagem, passando uns dias em sua casa, pois a professora morava só. A mãe tirou uns dias de folga para tratar do assunto dos exames, junto com a professora. Elas também prepararam o psicológico da menina, para que ela não ficasse com vergonha na hora do depoimento, e pudesse expor sem medo tudo que o velho havia feito com ela, do começo ao fim. E a menina, muito esperta, entendeu tudo certinho.

E ficou muito aliviada com o socorro de sua mãe e de sua professora.

Mas, enquanto o caso se desenrolava anonimamente, o pai da menina, que estava com saudade, foi à casa da professora ver a filha e levá-la para passear. Ele apareceu de surpresa, então a professora lhe entregou a Bela, mas lhe alertou: — Traz ela de volta para que ela fique mais uns dias com a minha sobrinha. Sozinha com o pai, a menina deu com a língua nos dentes durante o passeio e contou tudo o que estava acontecendo ao seu pai.

O pai ficou furioso com o velho e, cego de ódio, foi para sua casa falar com a esposa. A esposa não teve muita escolha e confessou tudo ao marido, confirmando a história da Bela. Então, movido pela raiva do momento, o pai foi tirar satisfação com o velho, que estava na cama assistindo televisão.

Ele arrombou a porta e já entrou socando o velho, e bateu tanto nele que o velho não resistiu e acabou morrendo. Os vizinhos, ouvindo os gritos do velho, chamaram a polícia. A polícia chegou rápido ao local e prendeu o pai em flagrante, com as mãos ainda sujas de sangue. O velho foi levado pela ambulância ao hospital, mas não resistiu e morreu. Depois, conseguiram provar que, de fato, ele havia abusado da Bela, mas isso não mudou nada em relação à sentença do pai, que havia sido preso por homicídio, pego em flagrante, com as roupas e as mãos sujas de sangue. A pequena Bela estava dentro de um vendaval e não conseguia achar a saída. E, para piorar sua situação, depois que o pai foi preso, sua mãe virou uma alcoólatra e uma mulher da noite. Assim, a pequenina Bela cresceu sem o pai e sem a mãe.

Uma jovem com a autoestima muito baixa, que, quando era um pouco mais jovem, apanhava dos namorados da mãe, que havia se entregado ao vício e à devassidão. Por muitos anos, sua mãe viveu na mais densa escuridão, até o dia em que abusou do álcool e das drogas e acabou morrendo de overdose. Nesse tempo em que a mãe morreu, Bela já havia saído de casa. Ela trabalhava como empregada doméstica e morava no seu local de trabalho, junto com outra empregada mais velha. No começo, foi muito humilhada pelos patrões, que eram ricos e esnobes — isso porque ela não tinha muita experiência como doméstica, fazia muita bobagem e, consequentemente, era humilhada. Mas, com o tempo, aprendeu muito bem o ofício e continuou trabalhando por anos na mesma casa. E, quando ficou sabendo da morte da mãe, não fez questão de ir ao velório — isso porque já estava muito amargurada com a vida e não tinha ânimo para se levantar e sair daquela prostração. Porém, chorou durante a noite toda, pensando em sua mãe. Mais tarde, ela se arrependeu de não ter ido ao velório da mãe.

Às vezes, no final de semana, sua colega de trabalho a convidava para sair e tomar uns goles. Ela relutava, mas acabava indo, de tanto sua amiga insistir. Mas ela não bebia — ficava apenas no refrigerante e nos petiscos — porque se lembrava da destruição que o álcool causou à vida da sua mãe, como também, posteriormente, das drogas. Por isso, ela pegou ódio do álcool e das drogas, e isso não era mau. Mas sua colega bebia, soltava a franga e sempre saía acompanhada do baile. A Bela, porém, vinha embora sozinha e cabisbaixa, e passava o final de semana — seu dia de folga — confinada em seu quarto de empregada, ela e os seus variados pensamentos e devaneios.

Isso era algo que já havia virado uma rotina.

E muitos pensamentos suicidas se passavam em sua mente vazia.

Certo dia, quando ela saía do supermercado, uma senhora de idade a evangelizou, falou do amor de Jesus para ela, deu-lhe um folheto da sua igreja e a convidou para participar de um culto ao Senhor. Movida por Deus, a senhora profetizou sobre a vida dela e disse tudo quanto ela estava passando. Revelou que seu pai estava preso e que sua mãe havia morrido.

Isso tocou o coração da Bela, que deu uma chance pra Jesus e foi ao culto na igreja daquela senhora simpática. No culto, ela foi tocada por Deus e acolheu a palavra da verdade com alegria. E começou a perseverar em seguir o Senhor Jesus, na estrada que vai para Sião. Então, o Senhor começou a tratar das suas feridas mais profundas, começou a curá-la de todas as suas dores, tomou seu fardo pesado e lhe deu o seu fardo leve. Ela foi batizada nas águas e permaneceu firme na igreja, buscando o Senhor. E a luz começou a brilhar e iluminar a escuridão que a cercava, e ela se sentiu renovada pelo grande amor de Cristo, que estava preenchendo toda a sua vida. Um ano se passou — sim, um ano andando com o Senhor Jesus, seu Salvador — e ela estava melhor do que nunca, cheia de vida na presença do maravilhoso Deus.

Voltou a estudar e fez um curso profissionalizante de confeitaria.

Saiu da casa onde trabalhava e morava, e começou a trabalhar como confeiteira em uma padaria, num grande supermercado da região.

Morava sozinha, mas não estava mais sozinha — estava com Deus.

Ela perseverou em seguir o Senhor por alguns anos, fez parte do coral da igreja e também evangelizava com os irmãos, na fé, no amor e na esperança.

Entretanto, com o passar do tempo, o primeiro amor começou a esfriar em seu coração, e ela, que era quente, foi ficando cada vez mais fria — isto é, se tornou morna — e começou a vacilar no zelo.

Começou a ficar fraca e desanimada na fé, porém continuava indo à igreja.

Ela não estava vigiando; os pecadinhos estavam esfriando a chama do fogo do amor, mas ela continuava indo à igreja. Na verdade, o que ela precisava mesmo era despertar do sono da morte, pois começou a cair numa sonolência espiritual. Havia uma melodia que induzia o seu sono, vinda do mundo, lá de fora. Mas, pelo menos, ela estava tentando e resistindo, e continuava indo à igreja. O tempo foi passando, e ela continuava na igreja, mas começou a sentir muita solidão, pois nunca havia se envolvido com ninguém — isso devido aos seus traumas de infância. Ela não sabia o que era se apaixonar, nem como era ter uma relação a dois. E começou a sentir falta dessas coisas, mas guardava tudo para si mesma. Um rapaz, que havia se convertido na prisão enquanto cumpria sentença, apareceu na igreja onde Bela congregava e começou a participar de alguns cultos, às vezes, pois não era constante na igreja. Ainda estava tentando se libertar do mundo, isso porque seu coração ainda estava dividido. Certo dia, Bela viu esse rapaz na igreja, e o rapaz também a viu. Em outro dia, ele foi ao supermercado onde Bela trabalhava como confeiteira, para comprar pão. Justamente Bela o atendeu — ela estava ajudando a balconista, que trabalhava sozinha naquele dia.

Então ele olhou para Bela e lhe disse: — *Eu te conheço de algum lugar, mas não me lembro de onde. Não sei dizer, mas que eu já te vi antes, eu já te vi.*

Bela ficou meio sem jeito, pensando ser uma cantada, mas lhe disse:

— *Sim, eu também me lembro de você. Acho que te vi na igreja.*

E ficou só nisso. Ele saiu com os pães, e ela voltou ao trabalho.

Mas ela ficou pensando nele, e ele também ficou pensando nela.

Chegando em casa, ela não parava de pensar nele e dizia consigo mesma:

— *Quem é você, que não sai da minha cabeça?*

Naquela noite, ela não conseguiu dormir direito, pensando no tal sujeito.

Era domingo, mais um dia de culto, e Bela estava ansiosa para ir à igreja — mas, desta vez, não por causa do Senhor, mas para ver se via o tal sujeito que mexeu com seu coração. E o rapaz apareceu naquele dia e começou a puxar assunto com ela. Mas Bela estava tremendo de tanto nervosismo, pois nunca havia se apaixonado antes. Para ela, tudo aquilo era algo diferente e novo. Por isso, ela abriu a porta do seu coração e deixou o rapaz entrar.

E o rapaz entrou, e os dois começaram a namorar.

E não demorou muito para o pecado da fornicação ser consumado.

E ela que já andava fria no Caminho, tornou-se ainda mais fria com Deus.

📍<u>Tópico 01 - Quem é você?</u>

Pela manhã, na mesma cama, deitada ao lado do seu amado, ela o observava enquanto ele dormia, e, com os olhos fixos nele, cheia de amor e de uma paixão indescritível, pensava consigo mesma: — *Quem é você?*

Ela estava completamente apaixonada pelo rapaz, cega de amor.

Então, eles começaram a viver um romance, uma aventura que fez a Bela se desviar do Caminho da justiça; uma aventura que a levou para o mundo que jaz no maligno. Porque o rapaz por quem ela se apaixonou não conseguiu se firmar na igreja, não conseguiu andar no evangelho, não conseguiu negar o fascínio pelo mundo. E acabou arrastando a Bela para o mundo, pois ela estava cega de amor. Ele passou a morar junto com a Bela, e ela sustentava o marmanjo, pois ele não conseguia arrumar emprego — isso por causa de sua passagem pela prisão. Mas eles estavam apaixonados; as dificuldades não afetavam o casal, que sempre saía para as festas do mundo.

E ela, que não bebia, começou a beber, pois o acompanhava em tudo que ele fazia. O que era bom para ele, era aceitável para ela. Certa vez, ele apareceu com muito dinheiro em casa, e fizeram uma festa com muita bebida e carne na brasa. Seus amigos se esbaldaram naquele dia, e muito.

Mas a Bela ficou um pouco grilada com o dinheiro do namorado, pensando: — *Ele continua desempregado... De onde veio tanto dinheiro?*

Todavia, ela fez vista grossa e não fez nenhuma pergunta ao rapaz acerca do dinheiro, pois não queria estragar a festa nem a alegria do rapaz, a quem amava. Entretanto, o rapaz se revelou como um completo irresponsável: não estava mais procurando emprego, bebia e usava drogas todos os dias, passava a noite inteira fora e só voltava pela manhã para dormir.

Mas a Bela continuava no mesmo emprego, pois alguém tinha que pagar as contas do mês — e não seria ele. Com tudo isso, a Bela ainda o amava muito. Por isso, começou a acompanhá-lo em sua vida noturna, onde descobriu as drogas e, como sua mãe, também se afundou no vício. Não conseguiu se manter no emprego de confeiteira levando aquele tipo de vida, e acabou sendo despedida devido às muitas faltas. Estando os dois desempregados e viciados em uma vida devassa, as contas começaram a acumular, e a comida começou a faltar. A conta da água e da luz não estava sendo paga, o gás já havia acabado — e, sem falar do aluguel da casa, que também estava atrasado. Que situação deplorável... Mas o pior ainda estava por vir.

Pois a maldade do rapaz crescia conforme cresciam as dificuldades.

Então, pensando sobre aquela situação miserável, ele disse a ela:

— *O que nós vamos fazer? Não podemos ficar sem dinheiro; precisamos dar logo um jeito na nossa situação precária, ou seremos despejados. Eu tenho um plano para sair desta escassez em que estamos. Topa fazer tudo por dinheiro?*

Ela não pensou duas vezes: — *Sim, eu topo. Mas o que você tem em mente?*

Ele já havia sido preso uma vez e conhecia o mundo do crime. Tentou mudar de vida quando aceitou Jesus dentro da cadeia, mas não conseguiu ficar longe do crime por muito tempo. Então voltou para o crime e arrastou a Bela com ele. Eles faziam de tudo: desde tráfico de drogas até roubo; desde estelionato até assalto à mão armada. Topavam tudo por dinheiro — e o dinheiro começou a entrar. Mas, no começo, para conseguir dinheiro para comprar uma arma, ele a fez vender o próprio corpo, mandando-a se prostituir por dinheiro. E, por amor a ele, ela topou, porque era mesmo necessário levantar uma boa grana para pagar as contas, continuar morando debaixo de um teto e, por fim, se levantar. Enquanto ela se prostituía, ele fazia um bico trabalhando para um traficante, vendendo drogas — um conhecido seu, amigo desde a infância. Mas ele pensava em trabalhar por conta própria, pois era muito mais lucrativo. Com o dinheiro da prostituição e das vendas de drogas, eles compraram duas armas e drogas para começar seu próprio negócio de tráfico. Venderam metade da mercadoria, mas consumiram a outra metade — e isso não era bom para os negócios.

Então deram um tempo no tráfico de drogas e partiram para outro esquema ilícito. Assim, ele disse para a Bela: — *Vamos fazer o seguinte: você se passará por uma prostituta, só para enganar a vítima. Servirá apenas de isca, para que eu entre e faça o assalto. Assim, levarei tudo o que ele tiver na carteira — e não só na carteira — mas também o levaremos ao banco com nossas armas apontadas e faremos ele sacar tudo o que der pra sacar. Mas você precisará levá-lo para o lugar que eu designar, e também vai precisar se prostituir em um ponto diferente, onde ninguém te conhece — de preferência, em uma área nobre. E, com o dinheiro arrecadado, reabriremos o negócio das drogas.*

Ela topou, e eles começaram a elaborar melhor o plano.

Assim eles fizeram: ela chegou ao ponto onde iria se passar por uma prostituta, lá pelas oito horas da noite, enquanto ele a esperava no lugar designado. E não demorou muito tempo — ela logo atraiu o primeiro pato, um senhor cheio da grana. E não apenas cheio da grana, mas também cheio de maldade e devassidão; era o alvo perfeito para o primeiro golpe da noite.

A noite é uma criança, e estava apenas começando.

Naquela noite, ela estava muito atraente e sensual, pois havia caprichado na produção. A Bela estava verdadeiramente muito bela; qualquer velhote rico e adúltero, entediado com sua velha esposa, cairia facilmente na armadilha. Pois, por aqueles lados da cidade, não se via muitas prostitutas dando mole. O velhote parou o seu carrão e mandou ela entrar.

Ela entrou, e o seu perfume tomou conta do carro, e o trouxa lhe disse:
— *Nossa, assim você me mata!*

Ela olhou de lado, fez um gesto obsceno e, em seguida, lhe disse: — *Há um local bem íntimo aqui perto, bem deserto. Podemos fazer no carro mesmo. Eu te dou um desconto, e você vai economizar deixando de pagar um motel.*

Isso pareceu bom para o velhote, que não cessava de passar a mão na Bela.

Quando chegaram ao local, seu namorado o surpreendeu com a arma apontada, e a Bela, dentro do carro, também sacou a sua arma. Assim, a vítima ficou em pânico. Ele entrou no carro, e juntos começaram a ameaçar o homem. O homem fez tudo quanto eles mandaram. Além do dinheiro da carteira, fizeram ele realizar transações via Pix para suas contas. Depois que o limite do Pix acabou, o levaram para um posto de gasolina, onde pararam à distância de um quarteirão. Ele ficou no carro com a vítima, e ela foi até o caixa eletrônico sacar o que dava para sacar. Quando voltaram, levaram a vítima para um lugar deserto, pegaram seu celular e o largaram por lá mesmo. Depois, aceleraram o carro até chegar a um desmanche ilegal, onde venderam o carro para um conhecido — e assim saíram ilesos naquele dia.

Eles cometeram esse tipo de crime doze vezes. Depois, deram um tempo, pois temiam que alguma vítima a reconhecesse, mesmo em uma cidade tão grande, e mesmo que nunca repetissem o mesmo ponto onde ela esperava as vítimas. Mas aquele esquema já estava começando a ficar perigoso, por isso deram um tempo e ficaram apenas no tráfico de drogas, trabalhando para si mesmos. Na verdade, eles não vendiam, mas aliciavam jovens para trabalhar para eles. O rapaz, que já tinha amigos no crime e sempre foi do crime, conseguiu um aval dos maiorais do crime para gerenciar seu próprio negócio em paz. Por muito tempo, eles viveram do tráfico de drogas e eram prósperos — até que surgiu um concorrente bem mais forte do que eles, e tiveram que baixar as portas do seu negócio lucrativo. Era isso ou começar uma guerra.

Mas, como eram peixe pequeno, decidiram sair da jogada sem resistência e sem troca de tiros. Saíram do bairro onde moravam e foram recomeçar em outro bairro. Pois, financeiramente falando, eles estavam bem, por enquanto.

Mas não queriam mais mexer com tráfico de drogas, pois os maiorais do crime estavam tomando conta daquele negócio por todos os lados.

Mas eles conheciam muitas outras formas de ganhar a vida no crime — isso não era problema. O pai da Bela pegou liberdade condicional depois de vinte anos. Ele poderia ter saído da prisão mais cedo, mas, durante uma rebelião sangrenta que houve no presídio, jogaram as mortes ocorridas na rebelião sobre ele, e isso prorrogou sua sentença. Ou ele aceitava isso, ou seria morto pelos maiorais entre os detentos. Ele saiu da cadeia desnorteado, pois não sabia para onde ir, já que nunca recebeu uma visita de sua filha e também havia sido abandonado pela esposa. Na verdade, ele nem sabia que sua esposa havia morrido, e também não tinha a mínima ideia de como encontrar sua filha. Então, voltou para o mesmo bairro onde morava e foi até a casa em que viveu com a mulher e a filha, mas não as encontrou ali.

Porém, ficou sabendo sobre a morte da esposa, mas, acerca da Bela, não conseguiu obter nenhuma informação. Ficou no escuro e se tornou um morador de rua, pois estava totalmente destruído e não tinha mais forças para se levantar. Assim ele viveu o resto da sua vida na rua da amargura.

E na rua ele morreu, e nunca mais viu o rosto da sua pequenina filha.

É estranho a Bela nunca ter procurado o pai na prisão, pois ele nunca lhe fez nenhum mal. Pelo contrário, foi preso por amor a ela — matou o safado que havia abusado da sua filhinha, e tornaria a matar de novo se fosse preciso. Mas ele morreu morrendo de saudade da filha, pois a última lembrança que tinha do seu rosto era a de uma menina de onze anos de idade.

Acho que, mesmo se ele trombasse com ela na rua, não a reconheceria mais. Com tudo o que estava acontecendo na vida da Bela, com as coisas erradas que ela andava fazendo, ela não se lembrou mais de Deus.

Esqueceu-se totalmente do Caminho da paz e pegou o desvio para o abismo. Nunca mais se lembrou de Deus, para voltar ao Senhor Jesus, que tanto bem lhe havia feito. Ela não se lembrava mais nem da sua profissão de confeiteira — só pensava em ganhar dinheiro fácil, ao lado do grande amor da sua vida, que a deixou cega de tanta paixão. Mas ele, apesar de ser um vagabundo inescrupuloso, também a amava. Mesmo quando a obrigou a se prostituir, não sentiu prazer naquela atitude. Ele também, assim como a Bela, não se lembrou mais de Deus, para voltar ao Caminho da paz.

Seguiu na teimosia do seu coração, junto com a Bela. Eles não tiveram filhos, pois a Bela era estéril — pelo menos uma coisa boa.

Pois, mediante a vida que eles escolheram para si, trazer uma criança ao mundo só iria trazer tristeza e sofrimento para a pobre criança; foi melhor assim. Pois eles desistiram de buscar o bem, e isso lhes aconteceu:

"Desse modo, aconteceu-lhes o que diz este provérbio verdadeiro: O cão volta ao seu vômito, e a porca lavada volta a revolver-se no lamaçal." (2Pe 2:22)

Quando a conta chegar — e vai chegar — eles irão se lamentar por suas escolhas erradas, pois terão que pagar cada centavo da conta: um preço alto a se pagar. Pois estavam acumulando pecados sobre pecados, e maldades sobre maldades. No entanto, sempre há tempo para se consertar.

Mas eles não se consertaram e continuaram longe de Deus, tramando o mal por pura ganância e cobiça; pois estavam viciados nos prazeres da Babilônia, e os prazeres da grande Prostituta custam muito caro, de fato.

Porém, o dinheiro dita as regras do jogo. As festas de fim de ano estavam chegando, e eles estavam querendo passar o Réveillon na praia e se divertir ao máximo na virada do ano. Mas precisavam de dinheiro, porque o rapaz também queria bancar a festa de Natal para os seus parentes e, posteriormente, viajar com a Bela para a praia, curtir a virada do ano.

Esse era o plano de ambos. E assim, eles tramaram mais um golpe para levantar fundos e poder bancar seus prazeres, seus vícios e suas vidas devassas e mesquinhas. Porque só pensavam em si mesmos e não se importavam com o prejuízo, com a dor e com o sofrimento de suas vítimas. Contanto que nada lhes faltasse, suas vítimas poderiam ficar na pior — contanto que eles ficassem bem. Eles se levantaram e partiram numa moto roubada de um amigo do rapaz, e fizeram doze assaltos à mão armada naquele dia. Levantaram um bom dinheiro e fugiram ilesos.

Quando chegaram em casa, se regozijaram com o grande despojo.

A trama foi bem-sucedida, e não precisaram dar nenhum tiro. Mas, se fosse preciso atirar, estavam preparados para isso — poderiam matar, se preciso fosse. O Natal chegou, e eles deram uma festa de arromba, que agradou a todos ali presentes. Depois, fizeram as malas e viajaram para o litoral, onde passariam o Réveillon. Alugaram um apartamento de frente para o mar, na praia, e fizeram amor. Depois, saíram para curtir a noitada e curtiram como nunca — como um casal apaixonado e cheio de satisfação um pelo outro. É o amor: os dois eram carne e unha. Mas a Penélope Charmosa e o Dick Vigarista estavam prestes a perder a corrida maluca, pois as consequências dos seus atos não os deixariam sair impunes.

Na véspera de Ano-Novo, eles começaram a bebedice desde cedo e seguiram bebendo durante o dia inteiro. Mais tarde, tomaram banho, vestiram roupas brancas e foram se misturar com a multidão que estava na praia. Mas estavam completamente chapados; contudo, não largavam a latinha de cerveja. Pagaram bebidas a uns mendigos que ali estavam, e os cachaceiros ficaram felizes da vida. — *Hoje é dia de festa, vamos festejar!*

Assim diziam eles: ele mais louco do que o Batman, e ela mais louca do que a Mulher-Gato. E assim chamavam toda a atenção da praia para si.

Mas havia uns malandrinhos ali, que desceram à praia só para roubar os turistas. Eles ficaram de olho no casal feliz e totalmente fora de órbita, e dissimuladamente se aproximaram deles. Pediram que lhes pagassem uma bebida — eram três rapazes — e eles pagaram e os convidaram para beber com eles. E é claro que eles aceitaram, pois os três, juntos, tramavam um plano para roubá-los na surdina. Vendo que o casal estava muito louco, os malandrinhos se aproximaram e disseram: — *Vocês gostam de droga da boa?*

Os dois, já muito chapados, lhes disseram: — *É claro que sim. Onde tem?*

Eles disseram que conheciam um cara e os levaram para um lugar deserto da praia. Quando iam caminhando, percebendo que estavam a sós, atacaram o casal, que estava desnorteado pela bebida, e deram muitas pauladas nas cabeças deles, deixando-os desmaiados em um lugar ermo.

Então levaram tudo quanto tinham: relógio, dinheiro, cartão do banco, celular — enfim — e foram embora. Assim, eles provaram do próprio veneno, sentindo na pele a dor de ser uma vítima prejudicada. E não foi ironia do destino — apenas colheram o que plantaram. No dia seguinte, encontraram o casal já morto, com os crânios esmagados. Os malandrinhos deram tantas pauladas em suas cabeças para os roubar que, sem querer, acabaram esmagando seus crânios. Eles tinham apenas a intenção de roubá-los, e não de matá-los, mas, sem querer, acabaram matando-os.

Naquela mesma noite, dividiram os despojos. E assim, a vida bandida do casal romântico cessou. Num piscar de olhos, o sonho acabou, e eles morreram juntos. Semelhante à história do casal de criminosos Bonnie Parker e Clyde Barrow. E assim, desceram de mãos dadas ao mais profundo abismo — onde nunca mais desfrutarão dos prazeres da carne, nunca mais provarão o fruto proibido, nunca mais irão se apaixonar, nem tampouco sentir o sabor da pele na pele e do beijo molhado, isto é, o sabor do pecado.

Pelo contrário, o fogo queimará o pouco que sobrou na densa escuridão.

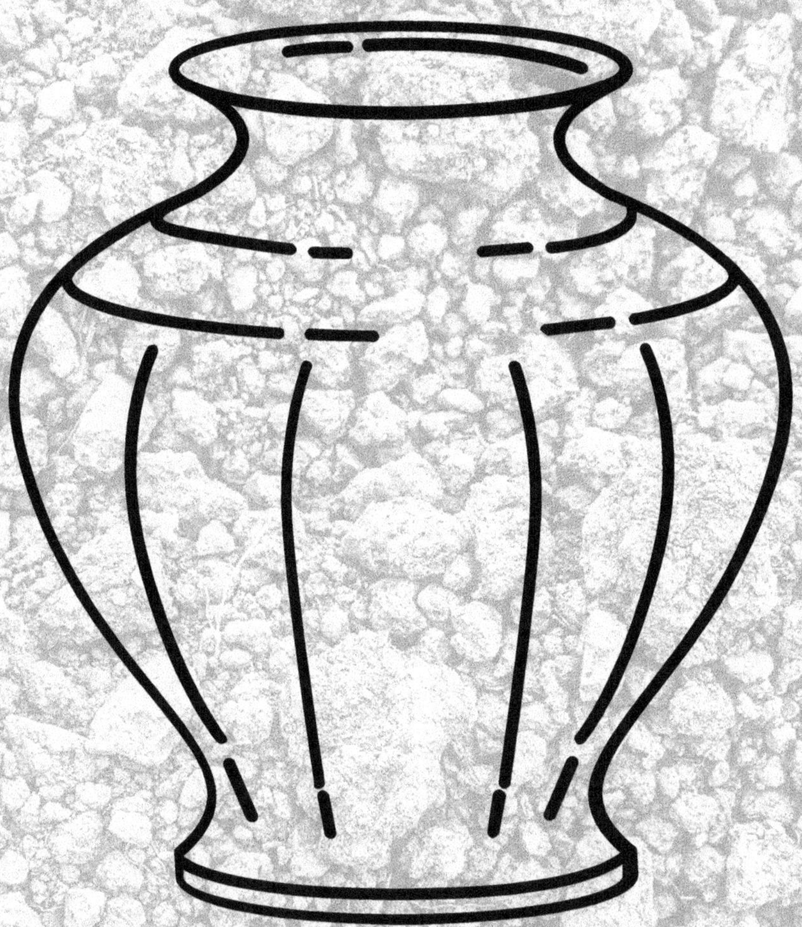

Capítulo 03

Vaso de desonra.

"Todavia, o firme fundamento de Deus permanece e tem este selo: o Senhor conhece os seus; e: aparte-se da injustiça todo aquele que profere o nome do Senhor. Numa casa que é grande, não há somente vasos de ouro e de prata, mas também de madeira e de barro; uns, na verdade, para uso honroso; outros, porém, para uso desonroso. Se alguém se purificar dessas coisas, será vaso para honra, santificado e útil ao Senhor, pronto para toda boa obra." (2Tm 2:19-21)

(Que a fidelidade e a misericórdia de Deus me guardem de mim mesmo. Que a vontade de Deus sempre se sobreponha à minha vontade. Que Ele cresça e que eu diminua. Que eu seja escravo de Cristo, e não senhor e dono do meu livre-arbítrio. Que Cristo reine sobre mim para sempre. Que a minha boca se cale. Que os meus joelhos se dobrem diante de Deus. Que os meus sonhos sejam frustrados. Que o meu entendimento seja aniquilado. Que os holofotes do mundo sejam desligados). O João pulou a fase da inocência e caiu direto nos braços da malícia; desde ontem até hoje e no futuro, desde sempre e para sempre, ele foi e será — até no além. *"Não se pode endireitar o que é torto; não se pode contar o que falta."* (Ec 1:15)

O João que não aprendeu a amar como o João da Bíblia; estava mais para o João e o pé de feijão — ou melhor, João e o pé de ilusão. Porque grande era a sua ilusão. Porque sonhava em colher o bem, plantando o mal; sonhava em viver em paz, buscando a guerra; sonhava com o amor, amando o ódio; queria a luz, buscando as trevas; almejava o doce, ofertando o amargo.

De fato, grande era a sua ilusão. Na igreja, ele se comportava como um ator digno de um Oscar, pois sabia como ser dissimulado, sabia enganar, sabia como ser um lobo em pele de ovelha. Não tinha um pingo de temor de Deus, embora conhecesse bem a Sua Palavra. Não se firmou nas veredas da justiça, porque a impiedade lhe era bem mais atraente; não se firmou na verdade, porque amava a mentira; não conheceu o Senhor Jesus, porque o seu coração não era puro. Esse era — e sempre será — o João.

Ele andou na perversidade do início ao fim, e nunca se arrependeu de seus atos. Mas, aos olhos do seu pastor, ele era um obreiro fiel e leal; aos olhos dos irmãos da igreja, ele era um homem de Deus exemplar, um irmão amado e querido por todos. Ele enganava todo mundo, mas Deus conhecia muito bem o seu coração. De fato, era pela bondade e pela misericórdia de Deus que ele ainda respirava. Porque Deus estava lhe dando tempo para que ele se arrependesse, devido à Sua paciência e longanimidade; mas o João nunca reconheceu a clemência divina. Esse era — e sempre será — o João.

O castigo demorou para chegar, mas um dia ele chegou; porém, demorou.

Por isso, ele prosseguia na impiedade, porque prosperava no mundo mesmo cometendo maldades sobre maldades; por isso, ele pensava que Deus não estava vendo, ou até mesmo que Deus estava aprovando sua vida de perversidades. Frutos de uma consciência corrompida. *"Todo caminho do homem é reto aos seus olhos, mas o Senhor sonda os corações. [...] Mas o caminho dos ímpios é como densas trevas; nem sequer sabem em que tropeçam. [...] Os ímpios tramam contra os justos e rangem os dentes contra eles; o Senhor, porém, ri dos ímpios, pois sabe que o dia deles está chegando. [...] Vi um homem ímpio e cruel florescendo como frondosa árvore nativa, mas logo desapareceu e já não existia..."* (Pv 21:2) (Pv 4:19) (Sl 37:12,13-35,36)

As trevas tapavam sua visão, e o seu coração corrompido nunca o acusou.

Mas, como o João, havia muitos ímpios dentro das igrejas que não enxergavam um palmo à sua frente; almas corrompidas, tão perto e, ao mesmo tempo, tão longe de Deus. Almas que nunca conheceram a estrada para Sião, mas o desvio para o abismo — a estrada para a perdição — esta, sim, eles conheceram e nela persistiram e perseveraram em caminhar. E não são poucas as almas que pegam o desvio para o abismo todos os dias.

Havia uma moça inocente e temente a Deus. Ela era uma alma pobre de espírito, que andava no mais puro e simples evangelho, amando a Deus e ao seu próximo, mansa e mui doce; mas o João transformou sua doçura em amargura. Ela procurou o obreiro João, dizendo a ele que queria falar com o pastor. Mas João, cheio de malícia no coração, disse à moça inocente:

— *O pastor não pode atender agora, mas eu posso te ouvir e te ajudar.*

A moça simples e humilde abriu o seu coração e lhe pediu conselhos.

João a ouviu atentamente e sentiu desejo pela moça enquanto ela falava.

Ela dizia que estava apaixonada por um rapaz que não fazia parte da igreja, um rapaz do mundo, seu amigo no colégio, pelo qual ela se apaixonou.

Ela disse a ele que estava cheia de dúvidas devido ao seu sentimento; por isso, queria alguns conselhos do pastor para fazer a coisa certa, pois não queria pecar contra Deus. Ouvindo a confissão da moça de coração humilde, e notando que ela estava com os seus hormônios femininos à flor da pele, cheia de desejos carnais que ela não gostaria de estar sentindo, pois era uma moça temente a Deus — vendo tudo isso — João lhe disse: — *Você fez muito bem em vir falar comigo. Corra dos homens do mundo, não se relacione com eles; mas relacione-se com homens da igreja, assim como eu.*

E assim ele entrou na mente e no coração da jovem imatura, e ganhou o seu coração; mas ele não queria nenhum compromisso sério com ela, queria apenas usá-la como um pedaço suculento de carne. E assim ele conseguiu fazer: fornicou com ela, a fez pecar com ele, e não se preocupou com os sentimentos da moça. Usou a moça e a dispensou. Mas a moça engravidou e o procurou para dar a notícia, pois estava com medo e preocupada; mas ele disse que o melhor a fazer seria abortar o feto, pois isso seria um escândalo para ambos. Então ele conseguiu convencê-la e pagou um profissional para tirar o feto, tudo na surdina. Mas tudo isso afetou a mente da moça, que ficou depressiva e se afastou da igreja, pois se sentia culpada e indigna do Reino de Deus. Ela nunca relatou nada a ninguém — nem sobre a relação sexual que teve com o João, nem tampouco sobre o aborto — porque tinha muita vergonha de se expor. E o João sabia disso; por isso, ele usou e abusou da moça, e fez o que fez com ela, porque sabia que, mediante as suas ameaças, ela não falaria nada. E assim ele destruiu a vida da moça e afastou a jovem dos caminhos do Senhor, porque tudo isso a enfraqueceu muito na fé.

Mas ela não foi a única iludida que sofreu nas mãos do João, pois outras moças fracas da igreja, da mesma forma, caíram na sua lábia e fornicaram com ele. Porém, depois de usá-las, ele as ameaçava, dizendo para não falarem nada a ninguém — e assim elas faziam, pois se sentiam envergonhadas e temiam se expor. Ele também desviava o dinheiro do dízimo e das ofertas da igreja. Era um homem devasso, mentiroso e astuto, que se alegrava na perversidade. Ele era o joio plantado pelo diabo no meio do trigo, um lobo faminto em pele de ovelha, que por fora parecia justo, mas por dentro era um homem ímpio e cheio de injustiça. E, mesmo conhecendo a palavra de Deus, nunca se arrependeu de seus pecados. Pois estava cego pelo seu cargo de obreiro na igreja, já que todos o consideravam um homem de Deus — inclusive o seu pastor. Por isso, ele acabou acreditando na sua própria mentira, e assim se iludiu, pensando que o seu crachá de obreiro o salvaria.

Mas a sua avozinha, que o criou depois da morte precoce dos seus pais, conhecia muito bem o seu neto e sabia que ele não era um servo de Deus.

Porém, nunca relatou nada ao pastor e aos irmãos da igreja, pois tinha esperança de que, um dia, o seu neto iria mudar e se converter a Deus em verdade. Mas, na verdade, isso nunca aconteceu, pois o João nunca mudou.

E ela teve de conviver durante toda a sua vida com aquele sujeito de duas faces, isto é, dissimulado; que na igreja era um santo, mas em casa, um ímpio.

Porque só ela e Deus conheciam o seu comportamento fora da visão da igreja. Ele fazia coisas que nem as pessoas do mundo, que não eram crentes, fariam. Como, por exemplo, se deitar com a esposa adúltera do seu patrão. Nos dias em que ela estava entediada, ela o procurava, e ele fazia o seu papel, e ganhava uma boa grana para fazer isso, agindo assim como um garoto de programa. Era uma mulher bem mais velha do que ele, mãe de três filhos, fogosa e cheia de amor pra dar; mas ele, que só pensava em si mesmo, dizia:

— *Pagando bem, que mal tem?*

E sem falar do dinheiro que, sempre que possível, ele desviava da loja lucrativa de tecidos onde trabalhava; pois, como atendente e vendedor, às vezes, quando não tinha ninguém por perto, usando a sua astúcia, ele aumentava o preço dos produtos, cobrando um pouco a mais dos clientes.

E assim, sempre que tinha oportunidade, ele comia a fatia do bolo pelas beiradas, desviando parte do lucro das vendas, agindo desonestamente.

Mas ele sabia muito bem o que Deus pensava acerca da balança enganosa.

"A balança desonesta é abominação para o Senhor, mas o peso justo é o seu prazer. [...] Tereis balanças justas, efa justo e bato justo." (Pv 11:1) (Ez 45:10)

Contudo, ele fazia vista grossa às suas maldades, mas gostava de apontar o dedo e julgar os outros pecadores, como se ele também não fosse um pecador, ou melhor dizendo: o maior dos pecadores. *"Portanto, você que julga os outros é indesculpável, pois condena a você mesmo naquilo que julga, visto que você, que julga, pratica as mesmas coisas. [...] Tu, pois, que ensinas a outrem, não te ensinas a ti mesmo? Tu, que pregas que não se deve furtar, furtas? Dizes que não se deve cometer adultério, e o cometes?"* (Rm 2:1,21,22)

Assim era o João e a sua grande ilusão, pois se achava justo aos seus próprios olhos e não enxergava os seus muitos pecados; miserável alma corrompida. Caiu num sono profundo, no sono da morte, e não houve quem o despertasse. E assim ele viveu enganando a muitos, mas, sobretudo, enganando a si mesmo. Ele se casou com a filha de um pastor de uma outra igreja, uma igreja grande, com templos espalhados por todo o país.

Deste modo, ele saiu de sua primeira igreja, onde congregava desde a infância junto com a sua avó, que lhe apontou o evangelho da paz desde muito cedo; contudo, infelizmente, ele nada aprendeu. Quando a sua avó morreu, ele herdou alguns bens e vendeu tudo quanto havia herdado, inclusive a casa onde ela morava, e investiu tudo na sua carreira política. E o terno da política se ajustou perfeitamente nele; caiu-lhe como uma luva.

Começou como vereador, mas cresceu e logo foi eleito deputado estadual e, posteriormente, conseguiu se eleger como deputado federal; tudo com os votos da igreja. Pois, sendo ele um homem tão dissimulado, a política foi o seu caminho ideal. Não podia haver um mundo melhor para ele do que o mundo da política. Pra ele, foi fácil se eleger em todas as eleições, pois contava com o apoio de sua igreja, com muitos membros espalhados por todo o país; porque conseguiu persuadir até a alta cúpula da igreja onde congregava, e todos o apoiavam. Pensavam que ele era um homem de Deus, que lutaria pelas causas da igreja; mas, na verdade, ele não se preocupava com a igreja que sempre o ajudava a ganhar muitos votos, senão consigo mesmo. Entretanto, sempre que surgia algum pepino, um líder da igreja o procurava, e ele, como um bom político, os ajudava a resolver o problema — mas os ajudava por interesse, visando os votos no futuro. Deste modo ele cresceu como político e ganhou várias eleições como deputado e senador.

Tentou se eleger como governador do seu estado, mas perdeu a eleição; contudo, ganhou bastante voto, ficando em terceiro lugar. Com isso, se fortaleceu no seu partido e cresceu ainda mais na política. E assim fez carreira como político, e com a política também veio uma grande fortuna.

Como político corrupto, viveu por toda a sua vida sendo visto por todos os homens como um bom cristão. E estava tão cego que se achava mesmo um bom cristão, pois nunca deixou a igreja. E, quando chegava para congregar em sua igreja, estendia-se um tapete vermelho à sua frente, e as trombetas tocavam — figurativamente falando — pois era tratado como um rei, sua esposa como uma rainha, e seus filhos como príncipes, tomando sempre os primeiros assentos e sendo tratados com muita pompa e bajulação pelos membros da igreja, principalmente pelos líderes das ovelhas cegas e débeis, porém, inocentes. Um homem corrupto e cheio de medalhas de mérito no peito. Esse é o mundo que jaz no Maligno. *"Tenho visto servos montados a cavalo e príncipes andando a pé, como servos."* (Ec 10:7)

Ele nunca abandonou a sua religião, mas também fazia parte da maçonaria. E sua esposa, que era uma boa cristã, também acabou se corrompendo e passou a amar mais o cifrão do que a unção, pois se apegou de todo o coração ao luxo. Mas ela também, pelo fato de ser filha de pastor, nunca deixou a igreja, e pensava que era uma boa cristã — mesmo andando de nariz empinado, se achando melhor do que os outros, e engordando em tempo de fome. Mas a árvore é conhecida pelos seus frutos, Deus sabe.

Pois, com tanto dinheiro, nunca pensou em ajudar nenhum necessitado; só pensava em crescer como uma dondoca socialite. Mas um imprevisto acabou com sua vida de luxo, de glamour e de luxúria. Uma doença mental a deixou completamente louca e acabou com o seu fetiche sexual, nas casas de swing que frequentava junto com o seu marido depravado. E, da noite para o dia, o seu cérebro apodreceu de tal forma que ela não se lembrava mais do seu marido nem dos seus filhos — tão grave que ela foi parar no hospício, e no hospício permaneceu até o dia da sua morte; pois não houve remédios nem oração forte capazes de curá-la e libertá-la daquele mal terrível. Ela foi do luxo para o lixo num piscar de olhos. Sim, com Deus não se brinca.

Mas o João não sentiu muita falta da sua esposa esquizofrênica, pois tinha muitas outras mulheres. Durante um tempo, ele a visitou semanalmente, mas suas visitas foram diminuindo até o ponto de visitá-la no hospício apenas uma vez por ano. Porém, depois de alguns anos, ele a abandonou de vez no hospital psiquiátrico. Então ela morreu sozinha e nunca mais viu o marido e os filhos. Os filhos do João, dois jovens mimados — sendo um deles muito problemático — também se esqueceram facilmente da mãe; pois, assim como o pai, tinham um coração de pedra e só pensavam em si mesmos.

Mas o filho mais novo, muito problemático e que só queria facilidade na vida, morreu antes da mãe biruta. Morreu fazendo o que gostava: tirando um racha com os amigos depois das baladas. Estava tão bêbado e tão drogado que nem sentiu a batida do carro no poste de luz. Dos três que estavam no carro, apenas um sobreviveu — o que estava sentado no banco de trás.

Porém, o que estava no volante e o filho do João, naquele dia, não voltaram para casa para descansar em seus lençóis confortáveis e macios.

Pelo contrário, duas camas de vermes bem quentinhas os aguardavam, porque ambos despertaram da embriaguez com uma grande ressaca no inferno. *"A sua soberba foi lançada na sepultura, com o som das suas liras; a sua cama é de larvas, e a sua coberta, de vermes."* (Is 14:11)

Mas o filho mais velho do João seguiu os mesmos passos do pai, porque também se tornou um político — e um político corrupto. Tal pai, tal filho.

— *Votem no João, um homem cristão e honesto, que trabalha para o povo!*

Assim se ouvia falar do João, em alto e bom som, na propaganda volante.

Mas, depois que ele abandonou a filha do pastor no manicômio, sua igreja deixou de apoiá-lo. Então ele partiu para fazer campanha em outras igrejas menores. Porém, o apoio da sua instituição religiosa lhe fez muita falta.

Todavia, ele já era macaco velho na política e sabia como ganhar votos — tanto na igreja como fora dela. Mas a igreja ainda era o seu foco principal.

— Queridos irmãos, estamos passando pelo vale da sombra da morte, o nosso inimigo vem do inferno. A luta é grande, mas com fé em Deus e com o apoio dos irmãos, nós vamos vencer a causa do evangelho e da família cristã. Os princípios cristãos não podem ser vencidos. Venham comigo tomar à frente desta luta!

Assim o João fazia o seu discurso no altar da igreja, e o povo engolia fácil.

Seus cabelos ficaram grisalhos, suas rugas mudaram seu rosto, seu corpo já não tinha mais a vitalidade de outrora. Ele estava ficando velho, o seu tempo na terra dos viventes estava acabando, mas continuava nutrindo o mesmo caráter. Casou-se novamente, desta vez com uma mulher bem mais jovem do que ele. Estava na cara que ela só se casou com ele por interesse, mas ele sabia disso. Contudo, dava uma vida de rainha à sua princesinha interesseira, dando a ela tudo que o seu coração desejava, porque gostava da moça de verdade — mesmo sabendo que ela não o amava. Mas ele não era muito exigente com o amor, pois conformou-se com as migalhas de prazer carnal dadas por ela. E ela deu o golpe do baú, já sabendo que ele sabia do golpe.

O coroa viveu um romance com a belíssima jovem, levando-a para a romântica Paris e para muitos outros lugares exóticos do mundo. A pílula azulzinha o ajudou bastante naquele romance de interesses, e ambos estavam satisfeitos. Joias, diamantes, ouro, prata, roupas finas, sapatos, bolsas, grana, automóvel — enfim, tudo para a jovem belíssima de pele sedosa e perfumada, que aturava o corpo velho e flácido do seu companheiro, e que aguentava o mau hálito do homem que a beijava e a abraçava com muita paixão.

Esse era o preço do seu luxo. A gatinha mimosa tinha que fazer o seu papel e se deitar ao lado de um bode velho todos os dias, sem reclamar. Ao contrário, tinha que fingir que o amava. Esse era o João, sempre cheio de ilusão; esse era o seu jogo, que ele a ensinou a jogar. Ele conseguiu acumular tantos bens e tanto dinheiro que não sabia nem como gastar. E, mesmo assim, nunca pensou em ajudar um pobre necessitado. Com todo o dinheiro que tinha, podia ajudar muitas pessoas a sair do buraco, mas não ajudou. Foi egoísta e preferiu jogar os seus bens na privada e dar descarga — enfiando tudo que podia enfiar na poupança da sua esposa-troféu, que esbanjava o seu dinheiro com prazer, sabendo que a herança do velho ficaria toda para o seu filho. Por isso, ela se aproveitou ao máximo da caridade do velhote. Mas o que ele não sabia é que ela estava tendo um caso com seu próprio filho.

E o filho tomou muito cuidado para que o velho nunca descobrisse essa traição, porque temia muito ser tirado do testamento e perder a herança do pai. Pois sabia que, se o seu pai descobrisse a traição, ele não o perdoaria jamais, e seria capaz de deixar toda a sua herança para qualquer instituição de caridade, apenas para se vingar do seu filho. Por isso, o seu filho temia ser pego. Porque a moça, sendo muito astuta, sabendo que o filho herdaria tudo do pai, conseguiu seduzir o filho do João, que já estava noivo, prestes a se casar. Mas ela conseguiu fazê-lo se separar da sua noiva para ficar com ela, e assim ela ficou com o pai e com o filho até o dia da morte do velho.

Mas o velho insistia em não querer morrer. Por isso, esse triângulo amoroso durou muitos anos, bem debaixo do nariz do João. Ele também foi infiel e traiu muitas vezes a sua esposa, e, como consequência de suas traições, também foi traído e colheu o que plantou. Mas o que os olhos não veem, o coração não sente; por isso, a arrogância do João não sofreu nenhum dano, e nem o seu ego foi ferido. E assim ele permaneceu até o fim da sua vida de ilusão, sempre com o olhar altivo, pensando ser um ser superior aos outros homens, intocável e imune às traições, aos sofrimentos e às dores da vida. Mas a sua sorte não iria durar para sempre na terra da injustiça. Pois, ainda que ele não pague por todo o mal que fez nesta vida, certamente pagará na outra vida. Porque Deus é bom, e, sendo presciente, sabia que o João nunca iria se consertar. Por isso, permitiu que o João tivesse uma vida longa de prosperidade na terra, já que ele preferiu às migalhas do mundo, em vez do banquete da vida eterna. *"Certamente Deus é bom para Israel, para os que têm coração limpo. Quanto a mim, meus pés quase tropeçaram; faltou pouco para que eu escorregasse. Pois eu tinha inveja dos arrogantes, ao ver a prosperidade dos ímpios. Eles não têm problemas, o corpo deles é forte e sadio. Não passam pelas tribulações dos mortais, nem são afligidos como os demais homens. Por isso, a soberba é para eles como um colar no pescoço; a violência os cobre como um vestido. [...] Os ímpios são assim; sempre seguros, aumentam suas riquezas. [...] Por certo é em vão que tenho mantido puro o coração e lavado as mãos na inocência, pois todo dia tenho sido afligido, e castigado a cada manhã. [...] Quando me esforçava para compreender isso, achei que era uma tarefa muito difícil para mim, até que entrei no santuário de Deus. Então compreendi o destino deles. Certamente tu os pões em lugares escorregadios e os fazes cair em ruína. Como são destruídos de repente! Ficam totalmente aterrorizados."* (Sl 73:1,2,3,4,5,6,12,13,14,16,17,18,19)

Mas nem o João, nem o seu filho perderam o hábito de frequentar a igreja, e continuavam sendo fiéis à sua religião; entretanto, eram infiéis ao Deus Criador. Desde menino, o João sempre frequentou a igreja com a sua avó; ele conheceu a palavra de Deus, o Caminho da verdade, a estrada para Sião, enfim. Ele serviu à instituição e enganou o povo de Deus, fingindo ser um homem fiel, mas não serviu à igreja nem ao Senhor Jesus — serviu apenas aos seus próprios interesses. E também se afastou de Deus veementemente, todas as vezes que Deus tentou se aproximar. E o seu filho mais velho estava tomando o mesmo rumo, mas pode ser que, um dia, ele se converta de verdade e mude para a estrada que vai para Sião. Mas o João já estava com o coração cauterizado, de tanto resistir à voz do Senhor; por isso, não havia mais chance para a voz de Deus o tocar — lamentavelmente, de fato.

"Tu me rejeitaste, diz o Senhor, voltaste para trás; por isso, levantarei a mão contra ti e te destruirei; estou cansado de ter compaixão." (Jr 15:6)

Sim, era exatamente isso que Deus estava dizendo ao João:

"Estou cansado de ter compaixão." (Jr 15:6)

Mas nem isso o João conseguiu ouvir, pois a distância entre ele e Deus era enorme — e muito mais distante de Deus ele ainda iria ficar, depois da sua morte. *"A tua malícia te castigará, e as tuas infidelidades te repreenderão; sabe, pois, e vê que mau e quão amargo é deixares o Senhor, teu Deus, e não teres temor de mim, diz o Senhor, o Senhor dos Exércitos."* (Jr 2:19)

Na cama, enfermo e avançado em idade, o João não podia esperar mais nada da vida. Não podia desfrutar sua riqueza, não sentia mais o desejo dos homens, não sentia mais vontade de participar dos banquetes do mundo com suas diversas bebidas, comidas saborosas, músicas e danças; porque o seu vigor o abandonou, e a libido — que antes jorrava como água na torneira — sequer gotejava. Esse é o destino de todo mortal, isto é, do homem feito do pó da terra; seja ele rico ou seja ele pobre: o fim da linha chega para todos.

Uns partem mais cedo, outros mais tarde, mas, no final, todos partem.

E o pó retorna ao pó. *"Porque você é pó, e ao pó voltará."* (Gn 3:19)

Na madrugada, o João passou mal e foi levado ao hospital às pressas.

Ficou internado alguns dias, mas nunca mais voltou para seu apê de luxo, pois morreu — e, do leito do hospital, caiu na velocidade da luz ao mais profundo abismo. Era uma vez um homem chamado João, que foi, mas não é mais. Um homem que viveu ao seu bel-prazer e não recusou nada à sua alma faminta; de fato, ele provou todos os frutos agradáveis e apetitosos da carne.

Conheceu e se deliciou com todos os tipos de frutos proibidos.

Ele viveu intensamente e não negou nada a si mesmo; fez tudo o que sentiu vontade de fazer e perseverou em pensar apenas em si mesmo. Ergueu os muros do seu rico castelo, estabeleceu o seu trono e se assentou acima dos cadáveres dos pobres e dos necessitados, que morreram famintos e sedentos.

Pois o João que estava acima não ouviu a voz do clamor dos que estavam abaixo. Mas o Criador das estrelas há de consolar os mansos e os pobres de espírito, e lhes dará uma nova terra no futuro; eles herdarão essa terra para todo o sempre. Pois a Promessa do Deus fiel está firme, e não falhará.

"Bem-aventurados os humildes de espírito, porque deles é o reino dos céus. [...] Bem-aventurados os mansos, porque herdarão a terra." (Mt 5:3,5)

O filho do João se casou com sua madrasta — ou melhor, com a sua amante — e herdou tudo o que seu pai havia conquistado. Juntos viveram uma vida próspera na terra dos viventes. Tiveram filhos, e seus filhos lhes deram netos; mas, como o seu pai, ele nunca se consertou e continuou no desvio para o abismo, sem jamais pensar em pegar a estrada para Sião.

Adivinha o que aconteceu: para o abismo ele também desceu.

Capítulo 04

Herege.

"Porque os dons e a vocação de Deus são irrevogáveis." (Rm 11:29)

Os dons de Deus são irrevogáveis. Por isso, vê-se tantos pregadores corrompidos realizando sinais e prodígios. Pois esses tais pregadores nem sempre foram maus, gananciosos e corruptos; no começo de suas conversões, faziam a vontade de Deus, mas, no meio do caminho, tropeçaram e se corromperam, pois não perseveraram em permanecer fiéis e íntegros ao Senhor; eles caíram, mas o dom que Deus lhes deu permaneceu com eles.

Esses mercenários da fé, no começo, quando ainda eram servos bons e fiéis, buscaram os dons espirituais de Deus, e o Deus que não pode mentir lhes deu os dons, para que estes o servissem; porque Deus prometeu e não pode voltar atrás. Como está escrito na Palavra da Verdade: *"Pois todo o que pede recebe; o que busca encontra; e, a quem bate, abrir-se-lhe-á."* (Mt 7:8)

Eles pediram dons espirituais e receberam esses dons e, depois que caíram e se desviaram da pureza e da simplicidade de Cristo, continuaram com seus dons; porque o dom não é como a unção, que se retira da vida do homem quando ele insiste no pecado. Não, os dons de Deus são irrevogáveis; eles permanecem para sempre, mesmo depois que caímos. Por isso, o Senhor Jesus disse: *"Muitos, naquele dia, hão de dizer-me: Senhor, Senhor! Porventura, não temos nós profetizado em teu nome, e em teu nome não expelimos demônios, e em teu nome não fizemos muitos milagres?"* (Mt 7:22)

E, de fato, há muitos homens corrompidos que se passam por servos de Deus, devido aos dons que receberam antes de se corromperem, quando eram bons servos. Isso acontece porque os homens se perdem e se afastam de Deus, e o trocam pela glória dos homens e das suas instituições; mas os dons que Deus lhes deu no começo, quando ainda eram servos bons e fiéis, permanecem com eles até a morte. Porque todos os que buscam encontram; até Balaão recebeu um grande dom de Deus, mesmo não sendo um homem justo e íntegro, ainda assim Deus lhe deu um dom; mas ele se desviou do caminho da justiça e recebeu a punição merecida. Assim também aconteceu com o pastor Damião, que era um bom pastor. Um jovem promissor na obra de Deus. Assim Damião era considerado pelos líderes da sua instituição, ou seja, da igreja em que se converteu, cresceu e se tornou pastor. Um jovem dedicado à obra de Deus, que amava servir ao Senhor. Sempre submisso às ordens dos seus líderes, sempre pronto para servir, sempre orando e intercedendo pelo povo de Deus, sempre aconselhando os fracos na fé.

Ou seja, um servo bom e fiel, um bom exemplo para a igreja e para a Obra.

Ele cresceu no seu ministério pastoral, pois era um homem carismático, que conseguia prender a atenção dos seus ouvintes, os quais, admirados, ouviam suas pregações fervorosas. Assim, ele ganhou muitos adeptos que bebiam suas palavras, pois era um homem eloquente e bom em oratória.

Falava com firmeza e dureza, denunciava os pecados do mundo, anunciava o nome do Senhor Jesus Cristo e dava glória ao verdadeiro Deus. Sua igreja ficou pequena de tão lotada de fiéis, pois todos queriam ouvir suas pregações, e sua fama crescia cada vez mais. O jovem pastor que outrora era pequeno, e que servia ao Senhor na simplicidade de Cristo, tornou-se um homem grande no meio cristão, um gigante atrás do púlpito. Sua notoriedade despertou a inveja de muitos pastores que almejavam alcançar sua fama. Pastores corrompidos, pois não serviam a Cristo, e sim aos seus próprios interesses; porque o servo fiel jamais busca glória para si mesmo, e sim a glória de Deus.

O pastor Damião falava a verdade e pregava a Palavra de Deus com sabedoria e conhecimento; a unção de Deus estava sobre ele, e ele tinha o dom da profecia. Mas a admiração dos seus ouvintes corrompeu sua simplicidade; sua glória e seu entendimento o ensoberbeceram, então o orgulho entrou em seu coração. Ele começou a pensar que era um profeta diferenciado dos demais servos de Deus, começou a pensar que só o seu ensino estava certo, começou a pensar que era a voz da razão e da verdade.

Para ele, todos os outros pastores estavam errados, inclusive seus líderes.

Por isso, desligou-se da sua igreja e abriu sua própria igreja, levando consigo muitas almas que admiravam seu ensino e sua pregação. Essas almas débeis, que não tinham muito conhecimento da Palavra de Deus, corromperam-se junto com ele, pois acreditavam em tudo que ele falava. Elas deixaram de buscar a salvação em Jesus e passaram a buscar a salvação no pastor Damião — ou melhor, no apóstolo Damião, a voz da verdade no fim dos tempos. Esse foi o nome dado à sua seita: *"A verdadeira luz de Cristo"*.

E este era o seu slogan: *"A voz da verdade no fim dos tempos"*.

Seu templo estava cheio de ovelhas perdidas buscando uma nova verdade.

Eram almas irrequietas, que pulavam de igreja em igreja, buscando sempre algo a mais, isto é, novidades inúteis; procurando encontrar uma resposta nos homens e nas instituições religiosas. Almas que oscilavam na constância e na fé, que não buscavam o verdadeiro conhecimento da Palavra, que corriam atrás dos homens em busca de socorro; almas que não sabiam andar com Deus, almas que idolatravam os homens. E como existem tais tipos de almas!

Era isso que estava começando a acontecer: Damião estava começando a se exaltar acima dos seus seguidores, e, como os homens nunca perdem a mania da idolatria, eles o idolatraram e o colocaram no mesmo patamar de Deus. E este era o credo da seita: *"Crê no Senhor Jesus Cristo e nos ensinos do apóstolo Damião. Só através do apóstolo ungido encontraremos a luz de Deus."*

E não foram poucos os que acreditaram nessa insanidade e caíram da graça. Porque as palavras do apóstolo Damião eram como flechas bem afiadas que penetravam e rasgavam os corações dos seus ouvintes, pois eram palavras que ludibriavam, devido à sua sabedoria humana e corrompida e ao seu entendimento deturpado; ele era bom em persuadir e convencer, porque tinha dom para isso. Um dom que se transformou em maldição, sabedoria que se transformou em loucura, conhecimento que se transformou em heresia; ele caiu e não percebeu sua queda, porque estava completamente certo de que estava com a razão em tudo. Não se achava um herege; pelo contrário, achava-se a voz de Deus no mundo. Isso aconteceu porque ele pecou em seu coração, deixando o orgulho e a arrogância dominarem-no, e não se arrependeu do seu pecado, mas continuou errando e pecando; por isso, a unção de Deus lhe foi retirada. E, sem a unção de Deus, ele começou a interpretar a Palavra de modo errôneo, considerando tudo que estava escrito ao pé da letra; sem o Espírito, começou a distorcer a Palavra de Deus.

Assim, ele se corrompeu e amou a glória que vinha dos homens, amou ser adorado pelos seus adeptos; enlouqueceu e não percebeu que havia enlouquecido. — *Meu pequeno rebanho, o mundo está perdido. As igrejas e os pregadores do evangelho se corromperam, pois não pregam mais a verdade. Mas Deus me levantou para reerguer o tabernáculo e o altar que estavam derrubados. Eu sou a voz de Deus na terra, a verdade está comigo, e nenhum outro pode te levar à luz de Cristo senão eu. O Todo-Poderoso falou comigo: eu sou o verdadeiro profeta em meio a esta geração corrompida. Eles deturparam a Palavra de Deus, e eu mostrarei isso a todos: todos eles que não guardam o sábado, todos eles que se lambuzam com a gordura da carne de porco, todos os incircuncisos na carne não poderão entrar no Reino de Deus. Os evangelhos foram deturpados; nem tudo que está escrito é verdade. A igreja romana deturpou a verdade e acrescentou a mentira nos evangelhos de Deus, pois continuam comendo a imunda carne do porco, esqueceram-se da circuncisão e não guardam o sábado. Mas Deus me levantou para restaurar estas coisas e para anunciar a verdadeira Palavra de Deus e a sua perfeita e boa vontade.*

📍Tópico 01 - Da simplicidade à corrupção.

O apóstolo Damião falava estas e muitas outras coisas, buscando a atenção de todos para si mesmo, e assim seus seguidores se tornavam dependentes dele, cativos pelos seus ensinos; pois muitos criam nele e seguiam suas doutrinas. Mas a pior de suas doutrinas foi voltar ao velho mandamento da circuncisão, praticada pelos judeus até hoje. Por isso, todos os homens de sua seita foram obrigados a se circuncidar; havia até um médico especialista, membro da seita, que realizava as circuncisões nos homens.

É claro que essas circuncisões não eram feitas à moda antiga — havia anestesia e todos os procedimentos médicos adequados. Contudo, essa doutrina era algo bastante bizarro para os tempos modernos, mas era exatamente esse tipo de prática que os diferenciava dos demais cristãos.

E era isso mesmo que o apóstolo Damião queria: um novo culto diferenciado, onde ele e suas novas doutrinas se tornassem indispensáveis para a salvação. — *Não basta somente acreditar no Senhor Jesus e ser batizado nas águas, mas também é necessário cumprir todos os mandamentos da Lei de Moisés. A circuncisão confirma a nossa aliança com Deus. Pois Abraão confirmou sua aliança com Deus sendo circuncidado, assim como seu filho Isaac também foi circuncidado ao oitavo dia. Nós não podemos nos esquecer desses mandamentos sagrados, mas precisamos obedecê-los, assim como Moisés e Arão nos ensinou, porque esta é a perfeita vontade do nosso Deus e Salvador.*

Deste modo, ele disseminava suas doutrinas, apresentando-se a todos como um ser iluminado, escolhido a dedo por Deus para anunciar uma nova verdade. E, com isso, o apóstolo Damião conseguiu muitos discípulos cegamente fiéis — homens e mulheres dispostos a fazer tudo que ele mandava. Pois, na mente iludida deles, a voz do apóstolo Damião era como a voz de Deus; rebelar-se contra ele e contra sua doutrina seria como rebelar-se contra o próprio Deus. Assim, sua seita cresceu e ganhou força pelos trabalhos evangelísticos dos seus devotos cegos e fiéis, que tinham como estratégia ganhar as ovelhas fracas das demais igrejas. Pois a missão da seita *"A verdadeira luz de Cristo"* não era evangelizar o mundo dos pecadores, e sim os crentes das outras igrejas, desviando assim as ovelhas débeis de suas congregações para a seita do apóstolo Damião — a voz da verdade. Seus discípulos trabalhavam com dedicação, porque, para eles, o apóstolo Damião era um homem iluminado por Deus, visto por todos como um semideus, cuja palavra era suprema e verdadeira; por isso, eles o seguiam cegamente.

(Isso pode acabar acontecendo na vida de todos os que têm uma fé cega.

Mas o que é uma fé cega? Uma fé cega é uma fé sem o conhecimento da Palavra de Deus; uma fé sem o entendimento de Deus sempre nos levará ao erro). Ele também falava muito acerca da importância do dízimo e das ofertas, pois isso era crucial para o crescimento da obra, para que assim a verdadeira Palavra de Deus fosse anunciada a todos os povos e nações.

O seu templo era repleto de símbolos da cultura judaica. Todos os homens eram barbudos, pois não podiam fazer a barba; as mulheres não podiam usar maquiagens, nem tampouco se depilar. Usavam saias compridas até os tornozelos, não podiam usar brincos nem quaisquer outros tipos de joias, e também usavam uma espécie de véu branco na cabeça, semelhante ao das freiras. Era uma doutrina rígida, carnal e cheia de preceitos humanos.

No entanto, os membros da igreja amavam suas doutrinas e seus cultos.

Eles pensavam que estavam seguros e salvos debaixo da cobertura do apóstolo Damião, pensavam que eram os únicos sobre a face da terra que estavam fazendo a vontade de Deus, pensavam que estavam certos seguindo o tal profeta da luz. Mas, com o passar do tempo, muitos despertaram e se desviaram da seita, abandonando o templo e as doutrinas do apóstolo Damião. Essas almas que se desligavam da seita saíam debaixo de uma maldição, pois todos os que abandonavam o culto eram amaldiçoados pelo apóstolo Damião. E todos os que saíam da seita nunca mais procuravam buscar Jesus em outras igrejas, pois ficavam com a mente tão confusa que não conseguiam acreditar em mais nada. Porque os absurdos, as loucuras e a rigidez da seita se tornaram uma prisão para eles, causando traumas e feridas permanentes. Eles se sentiram tão livres e aliviados após se desligarem da seita que só queriam saber de viver suas vidas no mundo. Por isso, não queriam mais saber de igreja e de religião. Mas, para os fiéis que perseveravam com o apóstolo Damião, todos os que saíam da seita estavam condenados ao inferno para sempre, sem misericórdia. — *Meus irmãos e minhas irmãs, tudo está sendo revelado. Os malditos se desviaram porque não eram dos nossos; mas vocês sim, vocês são os verdadeiros escolhidos. A Palavra diz: "Eles saíram de nosso meio; entretanto, não eram dos nossos; porque, se tivessem sido dos nossos, teriam permanecido conosco; todavia, eles se foram para que ficasse manifesto que nenhum deles é dos nossos (1Jo 2:19)". Foi Deus quem os peneirou, pois eles — aqueles malditos que se desviaram — não foram aprovados por Deus. Por isso, se desviaram para o mundo. Malditos sejam todos eles! E bendito seja Deus, e o seu único e fiel apóstolo Damião.*

Esse tipo de discurso de ódio e de autoexaltação passou a ser frequente na igreja do apóstolo, pois muitos estavam se desviando, e a seita estava perdendo a força de outrora. Com tudo isso, sempre havia novos convertidos, que tinham a mente mais fraca e acabavam se tornando fanáticos; estes eram os preferidos de Damião. A poligamia não era pecado na seita, pois o apóstolo Damião tinha muitas mulheres, e eram bem vistos na seita todos os que praticavam a poligamia. Contudo, isso era uma prática secreta, que o mundo não podia saber. E os novos convertidos só ficavam sabendo da poligamia depois que eram batizados e circuncidados, quando já estavam bem firmados dentro da seita. A poligamia não era uma prática obrigatória, contudo, eram bem vistos na igreja como pessoas irrepreensíveis todos os que a praticavam, tendo mais de uma mulher. É claro que ele tirou essa doutrina do Antigo Testamento, pois assim pensava: quanto mais filhos os membros gerarem, mais fiéis a igreja terá. — *Irmãos, precisamos aumentar o número de almas no Reino de Deus, porque Deus nos mandou multiplicar sobre a terra. Vejam o exemplo de Jacó, que teve duas mulheres, mas também desposou suas servas; vejam o exemplo do grande rei Davi, que tinha muitas mulheres e muitas concubinas. Irmãos, não é pecado ter mais de uma mulher; pelo contrário, isso é uma dádiva de Deus para nós, que somos fiéis.*

Mas, na verdade, essa doutrina era um pretexto para que ele pudesse satisfazer seus desejos carnais e desenfreados, pois tinha preferência pelas meninas mais belas e jovens. Com isso, sua família crescia e seus herdeiros se multiplicavam. Nem toda a seita praticava a poligamia, mas os mais leais à seita sim. A única regra era que o homem podia ter várias mulheres, mas a mulher não podia ter mais de um marido — eram várias mulheres para um só homem. Porém, o homem que queria ter várias mulheres também tinha a obrigação de sustentá-las. Por causa dessa doutrina, a seita conseguiu atrair muitos homens prósperos e poderosos: advogados, políticos, médicos, juízes, arquitetos, empresários, enfim. Homens que já eram cristãos e encontraram na seita essa facilidade para seus desejos depravados. Mas muitas mulheres não aceitavam e se separavam de seus maridos. O divórcio não era permitido na igreja, entretanto, para alguns casos havia exceções — como nesse tipo de caso, em que a mulher se separava do marido por causa das doutrinas da seita. Nesse caso, era permitido se divorciar, para que o homem pudesse se casar com outras mulheres, e quantas mulheres quisesse. Para aqueles que tinham inclinações ninfomaníacas, essa doutrina foi um prato cheio.

— Estamos com um novo projeto: a construção de um novo templo, bem maior do que este, com capacidade para receber muito mais almas perdidas. Mas é preciso trabalhar muito para que isso aconteça; ajudem esta obra a crescer, ofertem mais ao Senhor, sejam fiéis nos seus dízimos; vamos trabalhar juntos para ajudar a obra de Deus. Não fiquem parados esperando o dinheiro cair do céu; façamos uma campanha para arrecadar fundos, vamos para as ruas pedir doações, batendo de porta em porta, evangelizando e pedindo doações para a construção do nosso novo templo. Peça doações aos seus vizinhos, aos seus amigos, aos seus colegas de trabalho; só assim nós iremos fazer o Reino de Deus crescer neste mundo, trabalhando pela causa do templo.

Havia um grupo, principalmente de mulheres donas de casa, que saíam para pedir doações para a construção do novo templo, e elas eram boas em pedir, pois trabalhavam o dia inteiro pedindo doações. Durante um bom tempo, as guerreiras do templo — pois assim eram chamadas — trabalharam nas ruas com este propósito e conseguiram arrecadar uma boa quantia que, somada ao dinheiro dos dízimos e das ofertas, foi o bastante para dar início à construção do novo templo. Depois de um bom tempo, finalmente o novo templo foi inaugurado, bem maior e bem mais pomposo do que o templo anterior, e isso alegrou muito os membros — mas alegrou muito mais o apóstolo Damião, que clamava em alta voz: — *Glória ao novo templo! Glória ao novo templo! Glória ao novo templo! Glória ao novo templo!*

A inauguração do novo templo lotou de almas, pois um trabalho forte de evangelização havia sido feito em outras igrejas, anunciando o novo templo e a chegada de um novo tempo para o povo de Deus sobre a face da Terra.

Muitos foram apenas por curiosidade, mas gostaram tanto do ambiente e da pregação que se tornaram membros da seita; outros, mais maduros e com mais entendimento, perceberam algo muito estranho na pregação e no templo, e saíram fora, quando ouviram esse tipo de mensagem: — *Deus está irado com as igrejas que abandonaram a verdade e aderiram à mentira. Esta obra e este templo são a verdade, e eu sou o profeta do Senhor. Olhem para mim e sigam as minhas doutrinas; só assim vocês escaparão das labaredas do fogo do inferno. Porque a Palavra que está sendo anunciada em outras igrejas está deturpada. Só aqui, neste templo e através de mim, vocês ouvirão a verdadeira Palavra de Deus. Ele me levantou para isso: para resgatar as ovelhas perdidas.*

E todos os discípulos fiéis, cegamente, clamavam em alta voz:

— *Viva o nosso apóstolo Damião! Glória ao novo templo!*

De fato, era um rebanho de ovelhas completamente cegas.

"No passado surgiram falsos profetas no meio do povo, como também surgirão entre vocês falsos mestres. Estes introduzirão secretamente heresias destruidoras, chegando a negar o Soberano que os resgatou, trazendo sobre si mesmos repentina destruição. Muitos seguirão os caminhos vergonhosos desses homens e, por causa deles, será difamado o caminho da verdade. Em sua cobiça, tais mestres os explorarão com histórias que inventaram. Há muito tempo a sua condenação paira sobre eles, e a sua destruição não tarda." (2Pe 2:1-3)

E aconteceu que muitos homens de Deus se levantaram para denunciar as heresias do apóstolo Damião e de sua seita: *'A verdadeira luz'.*

Mas isso não preocupava muito o apóstolo, porque assim ele pensava:

— *Falem bem ou falem mal, mas falem de mim.*

Era exatamente isso que o apóstolo Damião queria: a atenção de todos.

Mas também havia investigações policiais contra a igreja, pois os rumores de poligamia começaram a vir à tona, através de denúncias de ex-membros da seita. No entanto, eles tomavam muitas precauções para encobrir todos os rastros, e a polícia não conseguia encontrar provas suficientes para entrar em ação. Por causa das investigações policiais, a prática da poligamia passou de secreta a ultrassecreta, e pouco se falava sobre o assunto; somente os mais fiéis e mais velhos da seita falavam sobre isso em reuniões secretas.

— *Nós devemos tomar muito cuidado, meus irmãos, porque a luta contra o mundo é grande. Eles planejam nos prender por causa da nossa liberdade, só porque temos mais de uma mulher; mas nós não nos daremos por vencidos. Vamos tapar todas as brechas, para que esta dádiva que Deus nos deu passe despercebida até mesmo entre os nossos irmãos da igreja. Sejamos minuciosos, porque este presente de Deus não é para todos, somente para nós que estamos além do véu, para nós que temos sabedoria e maturidade espiritual. Portanto, muito sigilo: a prática desta doutrina agora é ultrassecreta; só a elite desta obra pode saber acerca da poligamia que praticamos. Se alguém descobrir e quiser se tornar como um de nós, vocês o trarão para mim, e eu irei direcioná-lo e farei seus casamentos em segredo, com poucas testemunhas. Mas se vocês ouvirem rumores dessa prática entre a ralé, abafem os rumores de uma vez por todas. Que ninguém, fora os escolhidos, fique sabendo desta nossa liberdade.*

Assim, a poligamia foi riscada do livro das doutrinas da igreja, mas era praticada em segredo pelos maiorais, com o aval do apóstolo Damião. E quando uma coisa se torna oculta, torna-se favorável para o Maligno agir.

Na verdade, o Maligno começou a agir na mente e no coração de Damião desde o dia em que ele deixou o orgulho e a arrogância entrarem pela porta da frente. É claro que o Maligno foi o mentor das heresias de Damião, mas nem por isso Damião era inocente — ele teve uma grande parcela de culpa em suas loucuras. Porque, de fato, o diabo o tentou, mas ele se deixou levar pela tentação. Ao invés de olhar para a luz e retroceder, ele continuou andando rumo às trevas. As trevas o cegaram completamente, e não houve mais cura para ele. Mas o pior de tudo não foi apenas se corromper — ele também corrompeu muitas almas. As ovelhas cegas continuavam engolindo tudo o que ele falava, e isso perdurou por muitos anos; até que ele se exaltou mais uma vez e disse a todos que era o Cristo encarnado. Sim, ele disse que era a mais nova versão de Jesus Cristo. Para a maioria, aquelas palavras foram duras, e com isso o templo ficou vazio. Mas os mais leais à seita, de tão cegos que estavam, creram nele; e, em louvor, se prostraram aos seus pés e o adoraram, acreditando que, de fato, ele era Deus. — *Meu pequeno rebanho fiel, onde estão os outros irmãos? Porventura se escandalizaram? Sim, com certeza sim, mas eu já sabia que isso iria acontecer, pois aconteceu o que eu disse no passado, quando estive na Terra pela primeira vez: "Porque muitos são chamados, mas poucos, escolhidos (Mt 22:14)". O Reino do meu Pai não é para todos; pelo contrário, é para poucos. Vocês provaram sua lealdade a mim e não duvidaram; eu digo que vocês estão certos. De fato, eu sou o caminho, a verdade e a vida, e recompensarei todos vocês eternamente. Agora que já sabem quem eu sou, trabalhai na seara, pois a colheita já está próxima.*

Depois que o apóstolo Damião disse que era o Senhor Jesus encarnado, muitas ovelhas se desligaram da seita e se dispersaram, pois ficaram com dúvidas e cheias de confusão, e temeram permanecer naquele lugar.

Mas ainda restaram muitos bodes. Esses bodes, instigados pelo falso Cristo, começaram a assediar as ovelhas que saíram da seita, dizendo a elas que o Apocalipse estava próximo, e que, se não voltassem para a seita, suas almas seriam condenadas ao inferno. Algumas, com medo, voltaram. Outras, para não serem mais incomodadas, fugiram para bem longe. E outras, que resistiram, foram mortas — porque sabiam demais e podiam denunciar a seita, especialmente no caso da poligamia. Pois o falso Jesus Damião lhes deu a seguinte ordem: — *Aqueles que conhecem nossos maiores segredos, principalmente sobre a poligamia, e não quiserem voltar, devem morrer.*

Assim, os discípulos de Damião perseguiram e mataram algumas ovelhas.

Porque acreditavam que aquela obra não podia ser prejudicada, porque Deus estava no comando de tudo, os filhos das trevas precisavam morrer para que o Reino de Deus fosse estabelecido numa nova terra, limpa de todos os pecadores. A porta do templo estava sempre fechada, o culto passou a ser fechado e não era mais aberto ao público; as pessoas eram introduzidas na seita aos poucos — um público seleto, apenas para pessoas predestinadas à salvação, escolhidas por Deus. Pessoas importantes, mais especiais que as outras. (Isso é o que eles diziam para as pessoas que entravam na seita.)

Mas eles faziam isso para ganhar as almas, faziam as pessoas se acharem tão exclusivas e especiais dentro da seita, que a pessoa se sentia privilegiada por fazer parte daquele público seleto; porque, que alma não se sentiria importante diante do próprio Jesus Cristo em pessoa, falando face a face com ela? E assim, as trevas de Damião eram transferidas para as ovelhas cegas, que se prostravam aos pés do Cristo Damião e lhe pediam a sua bênção.

— *Quem aqui já ouviu falar de Maria Madalena? Saibam que ela foi a minha esposa, e tivemos um filho. Este meu filho gerou muitos outros filhos, que geraram outros filhos, e assim por diante. Deste modo, a minha descendência encheu toda a terra, e vocês que estão aqui fazem parte dessa descendência. Não é por acaso que vocês estão aqui hoje diante de mim — vocês são meus descendentes. Eu escolhi vocês para lhes dar a vida eterna. O trabalho de evangelização não pode parar, mas vigiem para trazer a mim a alma certa, aquelas que me pertencem neste mundo. Sejam sábios e tragam o meu rebanho, para que eu possa apascentar minhas ovelhas. Por isso, o que eu disse no passado, há mais de dois milênios, eu repito agora: "Tenho outras ovelhas que não são deste aprisco. É necessário que eu as conduza também. Elas ouvirão a minha voz, e haverá um só rebanho e um só pastor." (Jo 10:16)*

Depois dessas palavras, não houve nenhuma ovelha débil e cega que o questionasse. Pelo contrário, ajoelharam-se e adoraram o falso Cristo, como ovelhas burras e cegas. Ele ainda disse que precisava se casar novamente.

Mas desta vez, tinha que ser uma moça virgem, porque o filho que ele iria gerar no ventre dela seria uma criança especial, enviada direto do céu.

Ele disse que seria o arcanjo Miguel, que lutaria futuramente pelo Reino de Deus na Terra e daria fim a todos os pecadores. Mas, entre os membros que havia na seita, não havia nenhuma menina virgem. Porém, a partir daquele dia, eles se aplicaram em encontrar uma virgem e trazê-la à seita, para fazer dela esposa do falso Jesus e também futura mãe do arcanjo Miguel.

Mas o tempo foi passando, e eles não conseguiram convencer nenhuma moça virgem a fazer parte da seita; com isso, o falso Cristo ficou furioso e disse: — *Servos inúteis! O tempo está passando. Onde está a minha futura esposa virgem? Os céus estão me cobrando. Tragam-me uma virgem, nem que seja através da força bruta, mas tragam-me logo a minha nova esposa, para que eu possa desposá-la. Ó geração inútil, até quando eu irei suportar vocês!*

Então, um de seus discípulos fiéis se levantou e disse: — *Perdoa a nossa incompetência, mestre. Nós vamos nos esforçar para fazer a tua vontade, tudo para um bem maior, tudo para a glória do Reino de Deus na terra.*

Então dois dos seus discípulos saíram e planejaram uma emboscada.

Conseguiram raptar uma moça jovem e a trouxeram amarrada e amordaçada, com vendas nos olhos e um capuz sobre a cabeça, na surdina da madrugada. Deixaram-na presa num quarto separado do templo até o amanhecer do dia. Pela manhã, foram até a moça, que estava desesperada e chorando muito, e explicaram tudo a ela. Falaram do falso Cristo, que precisava se casar com uma virgem para gerar um filho especial. Ouvindo as coisas que eles falavam, ela ficou ainda mais nervosa e aflita, pois viu que tudo aquilo era uma grande loucura. Mas, com muita astúcia, ela disse:

— *Por favor, deixem-me ir embora. Eu não falarei nada do que aconteceu a ninguém. E outra: eu não sou mais virgem, vocês não precisam de mim.*

Quando os dois discípulos trapalhões ouviram ela dizer que não era virgem, se entreolharam e, decepcionados, saíram da sala onde ela estava presa e disseram: — *Droga, pegamos a moça errada. Vamos soltá-la antes que alguém a veja por aqui. Ela não sabe mesmo onde estamos. Vamos levá-la de volta ao mesmo lugar onde a pegamos. Depressa, mãos à obra, irmão!*

Eles explicaram a ela que foi um engano e que a deixariam onde a pegaram, mas a ameaçaram para que não falasse nada a ninguém, pois, se ela falasse, eles iriam saber e voltariam para se vingar. Ela concordou, e eles a levaram de volta. Ninguém percebeu o que haviam feito, e nem a moça contou nada a ninguém. Mas, na verdade, a moça os enganou dizendo que não era virgem. Contudo, esse sequestro a deixou traumatizada, e seu psicológico nunca mais foi o mesmo. Depois de alguns dias, houve um culto e, como de costume, todos estavam reunidos no templo — cerca de seiscentas almas fiéis ao falso Cristo; mas também havia mais umas cem almas menos fiéis, que só cultuavam de vez em quando. Ele pregou sobre o fim do mundo e sobre o Reino de Deus — uma pregação forte, que motivou seus discípulos.

Ele também abraçou cada um dos seus discípulos, disse que os amava muito e os confortou, mostrando sua bondade. E os seus seguidores caíram na sua lábia e no seu teatro dissimulado, e ficaram muito contentes com a demonstração de amor do seu mestre. Alegres, eles diziam uns aos outros:

— *Vejam como o nosso Deus é bondoso e amoroso!*

Um mestre na arte da manipulação, assim ele os manipulava, com mentiras e falsas promessas que jamais poderia cumprir, pois não era o verdadeiro Cristo. No entanto, ele estava tão louco que acreditava na própria mentira.

— *Meus irmãos, eu sei que fui duro e rude com vocês, exigindo que me trouxessem uma moça virgem para que os propósitos do Reino de Deus fossem cumpridos. Pois bem, eu fiz isso porque amo todos vocês e quero que desfrutem da glória do Reino de Deus na Terra. Mas ontem eu recebi uma revelação do alto: a minha esposa virgem esteve sempre comigo, bem debaixo do meu nariz; é a Débora, uma das minhas filhas amadas, gerada por mim mesmo, sangue do meu sangue. Alegrai-vos, todos vocês, pois são mais especiais do que os demais!*

Quando ouviram isso, todos ficaram em êxtase e, prostrando-se, o adoraram. Naquele mesmo dia, ele se casou com sua filha Débora e teve relações íntimas com ela; e todos acharam tudo aquilo normal, inclusive suas esposas, pois criam que, como Deus, ele podia fazer o que quisesse — tudo pelo bem da obra de Deus. Suas esposas trabalhavam fora para ajudar a suprir suas necessidades, pois tinham muitos filhos e muitas bocas para alimentar; mas os discípulos fiéis também ajudavam bastante, pois seus dízimos e suas ofertas nunca falhavam. O tempo passou, sua esposa virgem engravidou, mas não lhe deu um filho, e sim uma filha; e isso deixou todos confusos, pois imaginavam o arcanjo Miguel na forma masculina, e não na forma feminina. Mas o falso Cristo Damião lhes disse: — *Não se enganem, porque os meus anjos podem tomar tanto a forma masculina como a feminina. Esta criança que nasceu será uma grande guerreira e fará proezas na terra. Alegrem-se, porque o Reino de Deus está mais perto do que nunca. Aleluia!*

E com essa criança ele conseguiu ganhar tempo para ludibriar seus seguidores. Porém, certo dia caiu uma chuva bem forte, e num terreno baldio perto do templo havia muitos criadouros para a proliferação do mosquito da dengue. O mosquito saiu do terreno baldio voando e passando por várias pessoas; atravessou a rua, entrou e saiu de dentro de um carro que estava parado no semáforo com os vidros abaixados, e não picou o motorista nem o seu filho. Saiu voando, passou por outras pessoas e foi na direção do templo.

Entrou pela janela do escritório do templo, onde o falso Cristo Damião estava preparando mais um dos seus sermões hereges e mentirosos.

Então o mosquito foi e picou o calcanhar do falso deus Todo-Mentiroso.

Depois de alguns dias, o falso Cristo ficou muito mal e doente, mas não queria que nenhum dos seus discípulos soubessem disso; então se isolou em seu quarto e disse às suas esposas que não queria ser incomodado por ninguém, pois faria um retiro espiritual muito importante. Também falou para elas deixarem alimento e água na porta do quarto, e mandou que se afastassem após deixarem o alimento; e assim elas fizeram, sem perceber que ele estava mal de saúde, com dor e febre. Ele se recusou a procurar um hospital e disse consigo mesmo que só sairia do quarto quando estivesse bem.

Mas ele não melhorou e sofreu sozinho em seu leito. Seus seguidores, achando que ele voltaria do retiro espiritual com muitas bênçãos e respostas, não viam a hora do retorno do mestre; cheios de esperança e boas perspectivas, acreditavam que receberiam uma nova e grande revelação.

Com o passar dos dias, suas esposas perceberam que ele não estava mais comendo nem bebendo a água que deixavam na porta; por isso pensaram que ele estava jejuando. Mesmo assim, todos os dias deixavam comida e água, caso ele voltasse a se alimentar. Mas elas não ousavam bater à porta para perguntar do que ele precisava, pois ele era muito rígido e duro com elas.

Por isso o temiam, já que havia dito que não podia ser incomodado.

Muitos dias se passaram, e nada dele sair do quarto. Uma delas disse:

— *Ele deve estar fazendo aquele jejum de quarenta dias, como fez no deserto.*

Com isso, pararam de se preocupar, pensando que ele voltaria daquele retiro espiritual muito mais iluminado. Mas o tempo passou, e o mau cheiro que vinha do quarto começou a incomodá-las. Então tomaram coragem e bateram na porta, mas não houve nenhuma resposta. De tanto bater e chamar por ele, sem obter resposta, resolveram chamar um dos irmãos para arrombar a porta. Vieram os três irmãos mais chegados e fiéis a ele, e arrombaram a porta. O que viram frustrou suas esperanças: o falso Cristo estava morto, já em fase de decomposição, cheirando muito mal. Foi um choque para todos, pois perceberam que Damião não era o Cristo que dizia ser. Todos ficaram muito frustrados e confusos, sem saber o que pensar. Mas, quando a ficha caiu, não ficaram mais tristes com sua morte — ficaram com muita raiva, porque se sentiram enganados e ludibriados por um falso profeta. Outros sentiram aquele constrangimento típico da vergonha alheia.

A seita se desfez, contudo, as vidas dos seus seguidores perderam o sentido.

Muitos se tornaram ateus, outros cometeram suicídio, e alguns se afundaram no lodo do mundo. Suas esposas voltaram para as casas dos seus pais, cada uma com mais de um filho; algumas conseguiram receber o apoio dos pais, mas outras não foram mais aceitas pelos próprios familiares. Estas ficaram na rua da amargura e entregaram seus filhos ao conselho tutelar, pois estavam desnorteadas. Mais tarde, duas de suas esposas cometeram suicídio, outras se tornaram prostitutas, e algumas viveram uma vida problemática, marcada por depressão e transtornos bipolares. Seus filhos se tornaram almas infelizes e cheias de traumas. Débora, sua filha-esposa, desiludida com a vida e com tudo, profundamente frustrada, preparou sua última refeição para comer com a filhinha: uma sopa de frango com bastante caldo, batizada com uma superdose de Clonazepam e veneno estricnina; uma mistura fatal.

Assim, ambas morreram dormindo e não viram o sol raiar.

A menina, que não era a encarnação do arcanjo Miguel, acabou se tornando um anjinho de Deus — e será feliz para sempre no Reino de Deus.

Mas não posso dizer o mesmo de sua mãe, Débora. Porém, só Deus sabe.

É triste... sim, isso sim é verdadeiramente triste.

O Damião conseguiu, de fato, destruir sua própria vida e a vida dos seus seguidores. Ele saiu da estrada que o levaria a Sião, pegando o desvio para o abismo. Não preciso nem dizer para onde ele desceu após a sua morte.

Capítulo 05

Ela disse adeus a Deus.

⦿<u>Tópico 01 - Antipatia.</u>

Ela se iludiu com todos os seus convidados em sua festa de quinze anos.

Dançou valsa com seu pai, alegrou-se com os seus muitos amigos, beijou muito o seu namorado, ficou exausta de tanto atuar naquele dia de encenação. Sim, aquele dia passou assim, num piscar de olhos. Depois que ela voltou do seu teatro de fantasias, junto com ela também voltou o vazio que levava no fundo do peito; que pena que o vazio não ficou por lá.

Uma moça bonita e cheia de saúde, de classe média alta, com pais amorosos que a amavam de todo o coração, com dois irmãos mais velhos que cuidavam e protegiam sua irmãzinha caçula; humanamente falando, Vanessa não tinha do que reclamar na vida. Entretanto, com tudo isso, Vanessa não era uma moça feliz. Ela escondia sua tristeza atrás de um rosto sorridente e contente — era como uma máscara que usava sempre que estava na presença de outras pessoas. Mas, quando estava sozinha, sentia um buraco no peito.

Porém, sentia-se aliviada por não precisar usar sua máscara de fingimento; por isso, nunca saía de casa sem a sua máscara guardada dentro da sua bolsa caríssima da 'Louis Vuitton'. — *Oiê! Nossa, hoje você arrebentou, amiga. Esta roupa combinou muito bem com os seus sapatos. Você viu a Juliana? Nossa, que vestido cafona é aquele que ela está usando? Cruzes! Ela se arrumou para vir a uma festa ou se arrumou para ir à missa? E eu, amiga, como estou? Que tal meu visual? Não estou parecendo uma piriguete, né?*

Assim, Vanessa conversava com uma das suas melhores amigas numa noite de sábado bem quente de verão. O calor deu ocasião para ela usar uma roupa bem sensual, em uma festa casual na casa de um colega da escola.

Na festa havia música e muita curtição, mas também havia muita hipocrisia, muita falsidade, muita inveja e muitas fofocas. Eles tinham essas coisas em comum: a preocupação com a aparência e a maldade nos olhos.

Todos pareciam querer ser o melhor da noite. Vaidades de uma geração de jovens fúteis, cheios de brilho por fora, mas opacos por dentro, vazios em suas futilidades e superficialidades — uma geração instruída e, ao mesmo tempo, débil; graduados com louvor, porém analfabetos em sabedoria.

São todos como poeiras sem rumo, vagando sobre a face da Terra.

Eles pensam que são especiais, pensam que são ricos, pensam que são pessoas importantes, pensam que o pó é valioso, pensam que fazem parte da constelação do universo — estrelas e suas ilusões. Pois eles podem até ser estrelas para o mundo, porém, toda estrela cairá, mais cedo ou mais tarde.

"E as estrelas do céu caíram sobre a terra..." (Ap 3:13)

📍<u>Tópico 01 - Antipatia.</u>

Por fim, todos são como estrelas cadentes admiráveis, que se desintegram antes de chegar ao chão. Assim, deixam de existir e viram apenas poeiras ao vento. Cheia de charme e cheia de vaidade, assim era a esbelta Vanessa, que sonhava com o glamour. Desde muito pequena, ela brincava de ser modelo — e olha que tinha porte físico e beleza para se tornar uma grande top model.

No entanto, não conseguiu ingressar na carreira, isso porque seus pais, superconservadores, não permitiram que ela seguisse em frente com o seu sonho de modelo pop star, e isso deixou a Vanessa muito frustrada.

— De jeito nenhum você vai se aventurar em se tornar uma modelo. Isso é um tiro no escuro, minha filha. Primeiro você vai terminar o colégio, depois vai se formar pra ser alguém na vida. Nada de ficar correndo atrás de sonhos incertos.

Essas palavras deixaram a jovem Vanessa muito constrangida — e não somente ela, mas também o agente de modelos que havia descoberto o potencial da bela jovem e estava disposto a investir em sua carreira.

Era uma grande oportunidade para Vanessa realizar seu sonho, mas seus pais bateram o pé e disseram "não" e "não". E Vanessa, que já era um vaso vazio, tornou-se ainda mais vazia. Por isso, transformou-se em uma jovem rebelde, que deu muito trabalho aos seus pais. Aos dezessete anos, ela não era mais aquela adolescente que dançou valsa com seu pai na festa de quinze anos. Não mesmo. Ela mudou — e mudou para pior. Guardava muita mágoa no coração contra os próprios pais; não conseguia perdoá-los ao se lembrar de como pisaram em seu grande sonho. As imagens das duras palavras daquele dia, quando disseram "não" a ela e ao agente, frustrando assim seu sonho de ser modelo, vinham sempre em suas lembranças. O doloroso "não" dito por seus pais fê-los perder o amor da filha caçula. Vanessa não conseguia mais se lembrar de todo o bem que seus pais fizeram por ela durante toda a vida. Mas um único mal que eles lhe fizeram — disso ela se lembrava todos os dias, e fazia questão de nutrir esse sentimento ruim de rancor.

De fato, isso sim é ser uma menina mimada, birrenta e ingrata. O que ela tinha de bela por fora, tinha de horrível por dentro. Começou a matar aulas, não completou os estudos e não quis fazer faculdade — tudo por pura pirraça. Ela fazia essas coisas só para deixar os pais malucos. *— Já que eles frustraram os meus sonhos, também vou frustrar os sonhos deles.*

Ela estava acabando com a própria vida apenas para se vingar dos pais.

Parecia ter virado uma vampira — isso porque dormia de dia e saía à noite.

Uma garota rancorosa e vingativa que nunca mais perdoou os seus pais.

E, para piorar a situação dos seus pais, ela ficou grávida e não sabia quem era o pai do futuro bebê; isso deixou os dois coroas de cabelos brancos antes do tempo. Teria sido melhor ter deixado a menina seguir seu sonho de modelo, de fato. Talvez tivesse dado certo, talvez ela tivesse se tornado uma modelo de sucesso — e não esse caos total em forma humana, desvairada, irresponsável e sem futuro. Mas o amor dos seus pais não permitiu que eles a abandonassem, por isso acolheram a menina má e amaram a semente que ela carregava no ventre. Eles estavam decepcionados com a filha, porém não queriam perdê-la de vista, pois temiam muito que ela fugisse de casa para ganhar o mundo selvagem. Por isso, não a confrontavam, mas aceitavam calados sua rebeldia. Mesmo estando grávida, ela continuou levando uma vida desregrada, para a tristeza dos seus pais, porque continuou saindo com os amigos nas noitadas, bebendo, fumando e transando, como se não estivesse carregando uma vida na barriga. Ela só deu um tempo da vida noturna e da bagunça quando não deu mais para esconder a gravidez; contudo, continuava bebendo e fumando em casa, só para provocar os pais.

Passados os nove meses de gestação, Vanessa deu à luz um lindo bebê — um menino perfeito, pesando três quilos e meio. Essa criança consolou muito seus pais, pois eles pensavam que, talvez, por causa do bebê, a Vanessa iria tomar juízo. Certo dia seus pais a viu amamentando o bebê: — *Bom, minha filha, agora você não está mais sozinha. Você tem um filho para criar. Você não pode mais continuar vivendo de modo irresponsável. Pense no seu filho; pense em dar muito amor e carinho a ele, pois ele vai precisar muito de você.*

Ouvindo esse bom conselho dos pais, ela os desdenhou e disse: — *Eu sei o que é bom para o meu filho. Não preciso dos seus conselhos hipócritas!*

Se a vida fosse como um filme de Hollywood, já estaria na hora de seus pais chamarem um padre para tentar exorcizar aquele demônio. Porém, o demônio estava bem confortável em seu corpo, pois Vanessa gostava dele e fazia sua vontade. Havia um dos seus antigos colegas da escola que tinha se convertido ao evangelho de Cristo e andava nas veredas da justiça e da retidão. Certo dia, ele a encontrou na rua e, admirados, ambos se alegraram ao se lembrar de algumas aventuras do passado, quando eram bem mais jovens e ainda puros e inocentes. Depois de muita conversa, ele aproveitou a ocasião e lhe falou do amor de Cristo. Mas, quando ela percebeu o seu papo de crente, sentiu antipatia pelo seu antigo colega, mudou de assunto e disse que precisava ir andando, pois já estava atrasada para o compromisso.

Mas ele insistiu em falar da salvação de Jesus e da vida eterna.

Porém, muito incomodada com aquela conversa, ela se despediu e saiu de sua presença o mais rápido possível. Então ele partiu para a direita, e ela correu para a esquerda. Outro dia, no salão de beleza, ela comentou sobre ele com sua melhor amiga: — *Você se lembra do Afonso, aquele menino que tirou a virgindade da sua boca? No tempo do colégio, a gente sempre ficava juntos: eu e você, ele e o Renato, quando ainda éramos adolescentes, por volta dos doze ou treze anos de idade. Pois é, faz tempo, mas eu o encontrei quando ia à farmácia, na rua perto do clube Havaí. Mas não gostei muito da conversa dele.*

Sua amiga ficou empolgada ao ouvir falar sobre o jovem e lhe disse:

— *Sim, amiga, é claro que eu me lembro dele. Me diz, como é que ele está?*

Então Vanessa começou a falar do rapaz, dizendo que se decepcionou ao vê-lo: — *Ele mudou muito. Continua bonito como era antes, mas ficou chato demais; virou um desses crentes fanáticos, que só sabe falar de Jesus e de igreja. Eu não acreditei quando ele começou a falar da Bíblia pra mim. Me poupe, que coisa mais louca! Inventei uma desculpa e me despedi depressa dele. Não, ninguém merece. Ele me passou o contato, mas eu jamais irei procurá-lo para conversar, de jeito nenhum. Ele está maluco de pedra. Se você quiser o contato dele, eu te dou, vai lá! Você vai ver que não estou mentindo, ele mudou mesmo.*

Sua amiga Carina ficou ainda mais curiosa acerca da mudança de Afonso:

— *Sério? Ah, eu só acredito vendo. Estou curiosa, me passa o contato dele.*

A Vanessa passou o contato de Afonso para sua amiga. Afinal, ele foi seu primeiro amor na infância. Mas ela a advertiu, dizendo que ele não era mais o mesmo, e que, se ela o procurasse, iria se decepcionar bastante, pois o Afonso que ela conheceu no passado — e por quem se apaixonou — havia morrido. Mesmo recebendo as advertências da melhor amiga, Carina sentiu muita vontade de rever o velho amigo de infância e entrou em contato com ele. Os dois conversaram bastante e, no fim, marcaram um encontro entre amigos. No local do encontro, conversaram sobre muitas coisas, e ela não viu em Afonso nada daquilo que Vanessa havia falado. É claro que, no final, depois de muita conversa, ele falou do evangelho a ela — mas ela recebeu tudo numa boa. Depois desse dia, ainda se encontraram muitas outras vezes, apenas como bons amigos. Mas essa amizade estava começando a se transformar em amor. E ele soube ganhá-la para Jesus, aos poucos, com sabedoria; pois a Carina andava com a Vanessa, mas não era como ela.

Depois que ele a ganhou para Jesus, pediu-a em namoro — e ela aceitou.

Cheia de alegria, Carina foi contar as novidades para Vanessa, sua amiga. Já havia muitos dias que elas não conversavam, então Vanessa lhe perguntou:

— *Quanto tempo! Por onde você tem andado, sumida?*

Empolgada para contar as novidades, Carina disse:

— *Você não vai acreditar no que aconteceu: estou namorando!*

A Vanessa ficou feliz com a novidade e perguntou à sua melhor amiga:

— *Quem é o felizardo que conseguiu conquistar o coração desta gata selvagem? E eu que pensei que você fosse mesmo entrar em contato com aquele atraso de vida do Afonso... Mas vejo que não, vejo que você andou saindo para outros lados da cidade. E aí, diz pra mim, ele é bonito ou apenas rico?*

Ouvindo aquelas palavras de Vanessa sobre o Afonso, a Carina ficou com vergonha de dizer que ele era seu mais novo amor. Disfarçando, ela respondeu: — *É segredo, mas em breve você vai ficar sabendo.*

Naquele dia, Vanessa pegou uma garrafa de vodca e chamou Carina para juntas comemorarem o novo amor. Mas Carina não quis beber, e isso deixou Vanessa muito desapontada, pois aquilo nunca havia acontecido antes.

— *Não estou te entendendo, amiga. Você nunca foi de negar um bom drink. Tá bom, se isso é o efeito do amor, eu não quero amar tão cedo. Mas na sexta-feira nós vamos tomar todas, a turma vai se reunir, e você vai estar com a gente.*

Carina ficou frustrada por não ter falado a verdade para sua amiga, pois estava com medo de decepcioná-la e, assim, perder a amizade. Por isso, passou a evitar a Vanessa por um bom tempo. Mas, depois de um período sem vê-la, sentindo saudade, resolveu visitá-la. Desta vez, decidiu que não mentiria mais — contaria a verdade, quer Vanessa aceitasse ou não. — *Não acredito! Quem é viva sempre aparece. Por onde você andou desta vez? Me diz, você não quer mais ser minha amiga? Por acaso eu te magoei? Não só eu, mas todos os nossos amigos sentem a tua falta, mas você nunca mais apareceu.*

Então a Carina abriu o coração para sua melhor amiga e falou sobre o Afonso. Disse que ele era seu novo namorado, contou também que havia aceitado Jesus e que não queria mais viver uma vida mundana de pecado.

Disse que estava firme na igreja e na presença de Deus, enfim.

A Carina falou tudo — mas a Vanessa desabou: — *Não posso acreditar nisso que você está falando. Só pode ser brincadeira! É por isso que você andava tão sumida? Por isso você não estava mais atendendo os meus telefonemas e as minhas mensagens? Você não foi uma amiga leal a mim, Carina.*

Realmente, Vanessa não esperava ser decepcionada por sua melhor amiga.

A Carina pediu desculpas a Vanessa por tê-la evitado por tanto tempo, não atendendo seus telefonemas nem suas mensagens. Disse que, por estar namorando Afonso, temia perder sua amizade, pois sabia o que ela pensava sobre ele. Por isso, estava dando um tempo de tudo e de todos — até mesmo dela. Mas a Vanessa não deu chance para sua amiga: — *Legal você ter me trocado por aquele louco do Afonso. Aliás, você também se tornou uma louca como todos eles são: religiosos fanáticos. Sai daqui, vai embora com o seu Deus. Eu não quero mais a sua amizade. Fica por lá com o Afonso e com o seu Jesus. Pode ir para o seu hospício de malucos. Esqueça que eu existo. Tchau.*

Dito isso, bateu a porta na cara de Carina — e ela foi, e nunca mais voltou.

Vanessa passou a sentir muita antipatia por Deus, por igreja e por crente, e chegou ao ponto de querer se tornar satanista. Começou a ler livros sobre satanismo, a se inteirar sobre todo tipo de conhecimento ocultista, e tornou-se uma adepta de Lúcifer. Isso porque sentia muita raiva de ter perdido sua melhor amiga de festas para Jesus. Mas, na verdade, ela nunca perdeu a amiga. Foi ela mesma quem rompeu a amizade com Carina, pois não queria que ela se tornasse crente. Porque, se dependesse de Carina, elas seriam amigas para sempre. Deus bateu à porta do coração de Vanessa, mas ela não quis abrir. Pelo contrário, ficou com raiva do Senhor e sentiu antipatia do Criador, da verdade e da luz. Isso porque o amante que estava com ela em sua casa, sobre sua cama — o diabo — a convenceu a não abrir a porta para Jesus entrar e expulsar o mal. E assim, ela perdeu a chance de se livrar das chamas ardentes do inferno. — *A Carina ficou completamente louca. O Afonso a arrastou para a igreja e fizeram uma lavagem cerebral na coitada. Que idiota! Está perdendo o melhor da vida, lançando as coisas boas e prazerosas pela janela. Mas nós, que somos pessoas inteligentes, brindaremos à vida até o raiar do dia, sem preocupações e sem restrições para a boa e velha diversão. Porque a nossa alegria é tão perfeita que nem Deus pode tirar.*

Assim Vanessa discursava entre seus amigos de copo.

Ela usava batom negro como carvão, unhas com esmalte negro e uma camiseta preta com a imagem do 'Baphomet'. Também usava uma corrente no pescoço com um pentagrama. Mas nenhum dos amigos que estavam com ela julgava sua atração por Satã. Legal: a Carina ficou louca por ter aceitado o Deus Criador. Mas Vanessa não ficou louca ao se tornar uma amante apaixonada por um anjo caído? Que coisa errada é esse tipo de pensamento.

Mas esse é o pensamento de todos que estão sob as trevas.

Vanessa também chegou a fazer trabalhos de magia negra contra Carina e contra Afonso, mas os demônios que eram enviados por ela batiam no escudo de Cristo que os protegia e voltavam direto para sua vida. E, cada vez mais, ela se afundava na escuridão, tornando-se casa de repouso para todo tipo de demônios. Quando tinha cerca de vinte e oito anos de idade, sua mãe faleceu de tanta tristeza — porque Vanessa fez seu coração adoecer.

Dois anos depois, seu pai também morreu do coração. Mas ela ficou consolada ao receber sua parte da herança. Porém, como não tinha uma boa profissão — por ter fugido da escola e da faculdade — e como também nunca havia trabalhado na vida, pois sempre foi sustentada pelos pais, o dinheiro da herança que recebeu acabou cedo. Ela se viu em seu apartamento, também herdado dos pais, pela primeira vez sem condições de bancar seus vícios e sua vida desregrada e devassa. Seu filho, que não morava com ela, mas com o irmão mais velho, nunca sentiu falta da mãe extravagante. Pelo contrário, ficou aliviado por ter ido morar com o tio após a morte do avô.

Muitas vezes ele viu a mãe bêbada, dando trabalho e agindo como uma mulher irresponsável — que só pensava em si mesma e nunca soube cuidar nem amar o próprio filho. Era um menino novo, mas já entendia as coisas certas e erradas da vida. Vanessa, apesar da beleza exterior, não conseguiu esconder os defeitos interiores e seguiu a vida do jeito que o diabo gosta.

Continuou sendo uma simpatizante do satanismo — embora não fosse uma satanista oficial — mas gostava da cultura satânica. Começou a se prostituir em seu apartamento apenas para continuar levando uma vida fácil e devassa, cheia de prazeres e luxúria. Ela não conseguiu se tornar uma modelo de sucesso, mas fazia muito sucesso entre homens casados e bem mais velhos. Do bolso deles saía seu sustento. Mas seu rosto bonito e seu corpo saliente não durariam para sempre. Um pouco mais velha, ainda apegada ao misticismo e ao ocultismo, fã de carteirinha do diabo e sentindo muita antipatia pelas coisas de Deus, encontrou uma nova seita luciferiana, onde se aprofundou cada vez mais no erro. Casou-se com um de seus clientes — um velho rico que se apaixonou por ela e comia na palma de sua mão.

Além da beleza, os feitiços que ela fez para conquistar o velho também ajudaram. Com isso, parou de se prostituir, deu um tempo para si mesma e virou uma dona de casa dedicada às suas crenças. Ela deu uma sossegada no facho para cuidar do seu marido e da sua herança. E também para se dedicar mais às práticas de magia negra, ao ocultismo e à sua seita satânica.

Mais madura e mais perversa do que nunca, mais dedicada à sua religião, ela não causou nenhuma estranheza ao marido, pois, quando ele a conheceu, ela não fez questão de esconder sua crença. Ele sempre soube de suas inclinações ao ocultismo. Mas ele preferiu não se envolver na prática, pois não era supersticioso. Porém, como empresário, às vezes pedia conselhos à esposa, e ela o ajudava através da cartilha do ocultismo, evocando seus deuses e praticando feitiços de magia negra. Ele pensava que as coisas que ela fazia estavam ajudando em seus negócios, mas, na verdade, não ajudavam em nada. Tudo era mera superstição — mas ela gostava e acreditava naquela superstição. E assim, ela trocou a verdade pela mentira, trocou a luz pelas trevas, trocou a fé pela superstição; trocou o Senhor da glória pelo senhor das moscas. Quando se mudou para a casa do marido, dois de seus filhos mais novos ainda moravam com ele: um rapaz de vinte e um anos e uma jovem de dezessete. Três já eram casados e viviam em suas próprias casas. Porém, nos finais de semana, toda a família se reunia para visitar o velho empresário podre de rico. Eles não gostavam muito de Vanessa, pois tinham certeza de que ela só estava com o coroa por dinheiro, e temiam ter que dividir parte da herança com a "viúva negra". Pois todos só pensavam no dinheiro do velho.

— *Pai, a mamãe morreu há cinco anos. Por que o senhor não continuou solteiro por respeito a ela? Mas não — pelo contrário — o senhor se casou novamente com uma mulher bem mais nova. Será que o senhor não vê que ela só está com o senhor por causa do seu dinheiro? Toma cuidado com o golpe do baú!*

Assim falou o filho mais velho, em particular, no dia em que conheceu a nova madrasta. Mas o velho, enfeitiçado pela novinha, não deu ouvidos ao filho, e disse: — *Agora eu preciso da sua aprovação para me casar novamente? Eu acho que já sou bem maduro para viver a minha vida como eu quiser. Me respeita, eu sou o teu pai. Ai de você se eu ficar sabendo que ela foi insultada por algum de vocês. Falo isso para todos que estão presentes nesta sala!*

O velho tomou sua decisão, e todos os filhos, mesmo não gostando dela, tiveram de respeitá-la. Contudo, sua filha mais nova gostava muito da madrasta. Vanessa seduziu a jovem, e, assim como ela, a jovem também começou a sentir atração pelas coisas satânicas. E tornaram-se boas amigas.

A garota já era meio gótica e sempre se sentiu atraída pelas sombras. Era fascinada pelo ocultismo, isto é, pelas coisas ocultas das trevas. E sentia orgasmo só de imaginar a figura de Satã empunhando seu tridente. Ela tinha paixão pelo mal — mas isso porque nunca havia conhecido o mal de verdade.

Com a chegada da Vanessa em sua vida, a jovem se encontrou de vez e decidiu tomar o mesmo rumo da sua madrasta, virando uma amante das trevas e de Satã. A Vanessa aprendeu algumas práticas de magia negra e começou a treinar suas feitiçarias contra os filhos do seu marido — menos contra a moça mais jovem, pois ela se sentia como uma intrusa na família sempre que todos se reuniam. Ela aperfeiçoou sua bruxaria cada vez mais, e cada vez mais fazia feitiços para prejudicar a vida dos seus enteados — menos contra a filha mais nova. Os filhos do velho estavam sendo assombrados e prejudicados pela Vanessa, e não somente seus filhos, mas também seus netos e suas esposas; assim como os demais parentes, todos se tornaram vítimas das feitiçarias da Vanessa. Ela tinha um cômodo da casa só seu, e ninguém — nem mesmo o marido — podia entrar, pois ela dizia que era o seu santuário.

Ali, fazia suas evocações e magias, mas ninguém desconfiava que usava aquele quarto para fazer o mal. Porque ninguém naquela família acreditava em coisas espirituais tais como o diabo e a bruxaria, ou como Deus e Jesus Cristo. Não — todos eram pessoas céticas. Mas o ceticismo deles não os livrou dos demônios que eram enviados para destruí-los. E assim, ela conseguia prejudicar todos que a contrariavam por não gostarem dela.

Bastava alguém pisar no seu calo — pouca coisa já era o bastante para levá-la ao seu quarto negro, para fazer suas maldades recaírem sobre seus inimigos. Às vezes, ela permitia a entrada da enteada no quarto — isso porque gostava da garota — e a moça ficava deslumbrada com os aparatos satânicos e ritualísticos que havia ali: livros, imagens, símbolos, velas etc.

E a moça se tornou, tipo, uma discípula da Vanessa, porque gostava muito de todas aquelas coisas que ela fazia. O tempo foi passando, e parecia que uma praga havia atingido a família do seu marido: houve mortes, houve doenças, houve divórcios, houve perdas e houve muitos acidentes.

Era a Vanessa praticando e aperfeiçoando sua magia negra.

A magia negra na mão da Vanessa era como uma metralhadora na mão de um louco desvairado. Ela fez pactos e mais pactos com várias entidades satânicas, se casou com Satã e viveu um romance sombrio com o inimigo de todas as almas. Ela tirou o diploma de bruxa e fez o marido construir outro cômodo bem maior no quintal da casa. Depois, retirou seus objetos de culto do cômodo pequeno e os levou para o cômodo grande — e ganhava um bom dinheiro atendendo às necessidades de outras pessoas, pessoas ricas que pagavam bem: empresários, advogados, políticos, celebridades, enfim.

Ela dizia que só fazia trabalhos para o bem, mas, na verdade, todos os seus trabalhos eram para o mal — porque não há feitiço para o bem; todo feitiço é mal. Aos oitenta e sete anos, o velho morreu, deixando-lhe a casa e uma boa quantia em dinheiro. Quando ele faleceu, seus outros filhos já não moravam mais com ele; na casa viviam apenas o velho e Vanessa, por isso ele lhe deixou a casa. Mas sua enteada mais nova sempre a visitava para pedir sua bênção e para aprender com sua mestra — na verdade, ela era sua única amiga. Porém, em um dia de diversão pelas noites da cidade grande, as duas tomaram todas, e Vanessa ficou muito bêbada. Acabou falando demais — falou até o que não podia ter falado. Disse que odiava todos os seus irmãos e parentes, e que havia feito muitas feitiçarias para prejudicá-los.

Essas palavras desagradaram muito à moça, que na hora não disse nada, mas no dia seguinte foi tirar satisfações com a madrasta: — *Como assim? É verdade que você fez feitiçaria contra todos os meus irmãos?*

Vanessa não gostou nada do tom das palavras da enteada e respondeu:

— *É verdade. Fiz muitas bruxarias para destruir a vida dos seus irmãos. Quem é você para me afrontar? Quer saber por que seu irmão está no hospício? Ele ficou louco por minha causa. Quer saber por que sua irmã morreu de câncer? Ela morreu de câncer por minha causa. Quer saber por que seu irmão trocou a mulher por um homem? Ele fez isso por minha causa. Quer saber por que a mulher do seu irmão se suicidou de tanta depressão? Ela se suicidou por minha causa. Quer saber por que seu irmão mais velho está numa cadeira de rodas? Ele sofreu um acidente por minha causa. Quer saber por que seu tio, irmão do seu pai, virou um mendigo viciado e alcoólatra? Fui eu quem destruiu a vida dele. Quer saber por que sua cunhada sofreu um aborto? Quer saber por que sua família nunca mais teve descanso e paz na vida depois que eu cheguei? Porque eu fiz feitiçarias para acabar com a paz de todos. Mas contra você eu nunca fiz nenhuma feitiçaria — porque gosto de você. Aliás, gostava!*

Ouvindo essas palavras, a moça ficou em choque e saiu da presença de Vanessa atônita, sem dizer uma palavra. Naquele dia ela conheceu o mal.

Mas, depois da ressaca, Vanessa se levantou para atingir a moça — e a atingiu em cheio através de suas feitiçarias. A moça ficou esquizofrênica, lelé da cuca, e, como um de seus irmãos, também foi parar num hospício.

Assim era Vanessa: tão cruel quanto uma bruxa dos contos de fadas — mais cruel do que a Cruella do filme da Disney 'Os 101 Dálmatas'. Rica e ainda na meia-idade, ainda uma bela mulher que prosperava em tudo.

Contudo, ela não tinha paz interior. Vivia em conflito consigo mesma e com seus muitos demônios. Ainda sentia aquele velho vazio no peito — um buraco escuro que ia ficando cada vez mais profundo. Entretanto, era famosa e bastante prestativa entre as celebridades, que sempre a procuravam para buscar seus favores: cantores, políticos, atores, modelos, atletas e empresários — a elite da sociedade com suas mansões, seus automóveis e suas mulheres de alta classe. A mulher atraente de mãos belas e sedosas — mãos com unhas negras voltadas às práticas do mal; sem misericórdia e sem remorso, mãos cheias de sangue e de ódio. Mãos que se estendem para receber o pagamento pelo mal prestado, mãos que cobiçam as riquezas e se entregam à ganância, mãos cheias de vaidade e maldade. Belas mãos com unhas negras — que ela encontre o mal que sempre procurou. E que o mal que ela amou a possua.

"Derrama sobre eles a tua indignação, e que o ardor da tua ira os alcance. Fique deserta a sua morada, e não haja quem habite as suas tendas. [...] Soma-lhes iniquidade à iniquidade, e não gozem da tua absolvição. Sejam riscados do Livro dos Vivos e não tenham registro com os justos." (Sl 69:24,25,27,28)

Ela negou a salvação de Cristo e, com isso, profanou o sangue da nova e eterna aliança. Disse adeus a Deus antes mesmo de conhecê-lo. Não deu ouvidos à voz de Deus e odiou a luz e a verdade. Ela se escondeu da luz e buscou as trevas — isso porque suas obras eram más e jamais seriam aprovadas pela luz de Cristo. Pois andava na impiedade e na injustiça, amando os prazeres da carne e uma vida imoral. Por isso, não veio para a luz, pois não queria abrir mão da sua vida mundana de pecado, mentira e devassidão. Sendo conhecedora do bem e do mal, e sabendo muito bem como essas coisas funcionavam, ainda assim preferiu seguir o príncipe do mundo.

Pois, com o príncipe do mundo, ela poderia continuar vivendo a vida como bem queria — sem precisar abrir mão de nada: das suas maldades e dos seus pecados. E por isso achava que Deus era injusto, pois pensava que Deus tirava a liberdade das almas. Pra ela, liberdade era sinônimo de libertinagem.

Na verdade, ela nunca conheceu a liberdade, pois foi escrava do pecado e prisioneira da maldade por toda a sua vida. Pensava ser livre — mas, na verdade, era escrava. *"Duro é para ti recalcitrar contra os aguilhões."* (At 9:5)

Ela teve uma vida longa. Casou-se mais duas vezes — e mais duas vezes se tornou viúva. Seus três maridos morreram, e todos eles lhe deixaram uma boa herança. E ela soube aproveitar muito bem as heranças dos seus finados maridos ricos. Fora o bom dinheiro que ela ganhava pelas suas feitiçarias.

Deste modo, ela se tornou uma mulher muito rica e poderosa, considerada pela alta classe da sociedade. Porém, sem nenhum amigo e sem nenhum inimigo — porque todos os seus amigos tornavam-se seus inimigos, e seus inimigos não chegavam muito longe, pois logo ela os abatia.

Mas a polícia nunca a prendeu por seus homicídios; isso porque ela não matava com as próprias mãos, mas com bruxaria, matava pelas mãos do diabo. O tempo, no entanto, estava passando, e seus dias estavam findando.

Ela tinha muitas fórmulas de magia, mas não tinha a fórmula da juventude. Não conseguiu achar nenhum feitiço contra o tempo nem contra a morte. E o dia da sua partida chegou — e, enfim, ela foi morar eternamente na casa dos seus muitos amantes: seus deuses e seus demônios, e seu querido Satã. Eles a levaram para o vale dos mortos, um grande abismo em chamas.

Assim, ela disse adeus ao verdadeiro Deus, agindo loucamente até o fim.

Ela odiou a luz e amou as trevas — e as trevas absorveram sua alma eterna. Apenas quando chegou ao mais profundo abismo, após a morte, conseguiu perceber que o Hades não era nada bom. Pois o mal habitava ali.

Mas era tarde demais para se arrepender e voltar para a luz — e assim, ela se arrependeu nas chamas. E nunca mais pôde sentir os prazeres da carne e do mundo — só o tormento. Não havia sonhos, não havia prazeres, não havia vida, não havia esperança, não havia risos de alegria. Não havia mais nada — apenas um grande vazio eterno. Se ela pensou que, no inferno, iria conquistar seu grande sonho de modelo pop star, ela se enganou, e muito.

No inferno, não havia holofotes nem flashes esperando por ela.

De fato, ela pensou que, por ter servido a Satanás por tanto tempo e com tanta dedicação, haveria um lugar especial aguardando por ela no inferno.

Mas tudo que encontrou nas trevas foi o pavor, o susto e um tormento inimaginável. Então, decepcionada com o seu mestre, ela entendeu que foi enganada por toda a sua vida de maldade — mas já não dava mais para voltar atrás. E, no mais profundo abismo, ela se lamentou para sempre.

Quem mandou trocar o Senhor da Glória pelo senhor das moscas!

"Não é curta a minha vida? Para, deixa-me, para que eu me alegre pelo menos por um pouco; antes que eu seja levado para o lugar de onde não voltarei, para a terra da escuridão e das densas trevas, terra de trevas densas como a própria escuridão, terra da sombra terrível e do caos, onde a própria luz é como a escuridão." (Jó 10:20-22)

Capítulo 06

Ter equilíbrio é essencial.

Ter equilíbrio é essencial para não perder o controle da nave. *"Melhor é o homem paciente do que o guerreiro; mais vale controlar o seu espírito do que conquistar uma cidade. [...] Como a cidade com seus muros derrubados, assim é quem não sabe dominar-se. [...] Meu filho, guarde consigo a sensatez e o equilíbrio, nunca os perca de vista..."* (Pv 16:32) (Pv 25:28) (Pv 3:21)

Sei que o homem nunca será completo, porque o homem não pode ter tudo, isso porque a plenitude iria corrompê-lo. Sempre faltará algo para o homem, pois é necessário que falte; por isso, o que sobra para um, falta para outro e vice-versa. Porque, para o homem feito do pó da terra, a perfeição é uma nota impossível de ser alcançada. Não há remédio no mundo que possa curar as mentes das almas ímpias e perversas; tudo que o homem tem são placebos. Deus não pode curar se a pessoa não buscar a sua cura; Deus não pode agir se a pessoa não tiver fé; Deus não pode salvar quem não deseja ser salvo; Deus não pode perdoar se a alma não se arrepender.

O Deus Altíssimo pode tudo, menos mentir e agir com injustiça. O homem precisa ser equilibrado, e ser equilibrado é ter domínio próprio. Tudo que é excessivo é concupiscência da carne; tudo que é excessivo quebra o equilíbrio, e o desequilíbrio levará o homem à impiedade e à perdição da alma.

Se tratando da carne, até as boas virtudes corrompem, por isso ter equilíbrio é algo essencial. Falo para aqueles que querem andar no Espírito, e não na carne. Porque somente através do fruto do Espírito nós iremos conseguir manter a balança das nossas ações equilibrada; eu não posso ser muito doce nem muito salgado — é preciso haver temperança.

Quem não tem equilíbrio certamente cairá. *"Entretanto, o fruto do Espírito é amor, alegria, paz, paciência, amabilidade, bondade, fidelidade, mansidão e domínio próprio. Contra essas coisas não há lei. Os que pertencem a Cristo Jesus crucificaram a carne com as suas paixões e os seus desejos. Já que vivemos no Espírito, andemos também pelo Espírito."* (Gl 5:22-25)

A Luzia era uma mulher que sempre foi muito desequilibrada. Antes de se converter a Deus, ela era como a brasa no fogo; por isso, depois que ela se converteu, todos que a conheciam diziam: — *Quem te viu, quem te vê!*

Isso porque a Luzia gostava de uma boa intriga, gostava de um bom barraco; era uma mulher faladeira, briguenta e desequilibrada, que não conseguia se conter — desde sempre e para sempre. Ela transformava uma faísca em um grande incêndio; era uma barraqueira que não conseguia evitar o escândalo, pensava que sempre estava certa e não dava o braço a torcer.

E não tinha um pingo de humildade para reconhecer os seus erros.

Suas gritarias e suas palavras de baixo calão a faziam bem conhecida por todos na comunidade; e as coisas pioravam quando ela bebia em excesso, sem equilíbrio. Ela já bateu e já apanhou muitas vezes, pois não conseguia ficar longe das menores intrigas e brigas, e não se envergonhava de nada, porque não tinha um pingo de vergonha na cara; a mesma boca que falava mal pelas costas era a mesma boca que elogiava pela frente. Por isso, ninguém confiava muito na Luzia. Ela teve muitos namorados; o seu último namorado foi o Matias, com quem ela se casou. Ele era um homem de bem, trabalhador, gentil, manso e humilde, não gostava de brigas nem de confusões — totalmente o oposto da Luzia. Por isso, o casamento deu certo, pois era preciso ser assim, muito manso, para suportar as explosões dela.

A Luzia teve um filho com o Matias. O seu filho nasceu com autismo de nível três, severo; ele precisava muito do auxílio de sua mãe, e sua mãe não deixou de amá-lo e de auxiliá-lo em todas as suas necessidades. Apesar de ser uma mulher briguenta e desequilibrada, ela amava muito a sua família.

Entretanto, ai daquele que ousasse falar contra ela e contra a sua casa, pois ela era uma mulher bastante explosiva. Se uma mosca se atrevesse a falar mal dela e da sua família — ai da mosca. Ela era boa para o fulano, mas só até o fulano não pisar no seu calo. Se alguém pisasse no seu calo — sai de baixo!

Pouca coisa já era o bastante para entornar o caldo. Só mesmo o Matias era capaz de suportar os seus ataques de nervosismo. Ela não receava criar novos inimigos, e isso era uma grande insensatez. Mas o seu marido, mesmo não gostando das suas atitudes, sempre ficava do lado dela e nunca a censurava. Por isso, todos o consideravam um banana, que não conseguia domar a sua própria esposa. E, de fato, ele era mesmo um homem muito manso e pacífico. Mas a comunidade tinha os olhos maus e confundia a sua mansidão com covardia, porque diziam que ele era um homem muito frouxo.

Ele evitava entrar nas brigas e nas intrigas da sua esposa, e era taxado como um covarde. Mas ele suportava as afrontas por amor a ela. E ela também o amava, porém não procurava mudar para poupar o seu marido dos falatórios maldosos. Contudo, ela sempre dizia a ele: — *Eu te amo, meu bem, mas você precisa ser mais enérgico com certos tipos de pessoas, senão elas vão montar em você e te fazer de capacho sempre que puderem!*

Ele ouvia a Luzia tagarelar, mas nunca lhe pediu que parasse com suas brigas e intrigas. Pelo contrário, calava-se e fingia que nada ouvia.

Afinal, quando ele a conheceu, ela já era assim, e se casou com ela mesmo conhecendo os seus muitos defeitos. Por isso, se conformou e se calou diante de sua situação. A mansidão excessiva do Matias o transformou em um banana de punhos frouxos. Com isso, eu vejo que até as boas virtudes precisam ser equilibradas. A vida do Matias ao lado da Luzia era como o gelo e o fogo: ela o aquecia com o seu calor excessivo, e ele a esfriava com a sua frieza excessiva; ela era o verão e ele era o inverno. Era assim: um precisava do outro para que houvesse primavera. Por isso, eles viveram juntos até o fim, até que a morte os separasse, e nunca pensaram no tal do divórcio, mesmo havendo tantas diferenças entre os dois.

Porque, por mais incrível que pareça, eles conseguiram se adaptar como um casal inseparável, tirando vantagens dos seus desequilíbrios pessoais — isso porque ele equilibrava ela, e ela, por sua vez, equilibrava ele.

Pelo menos nisso o casal conseguiu ter um ponto positivo em seu casamento. Mas, mesmo assim, eu não posso dizer que o desequilíbrio é uma boa virtude, porque isso não seria verdade. O desequilíbrio de ambos deu certo para manter a união do casal, mas isso porque ela era o Norte, e ele era o Sul; se ambos fossem Norte, a união explodiria; se ambos fossem Sul, a união congelaria. Eles deram sorte no amor, e nada mais. *"É melhor morar no fundo do quintal do que dentro de casa com uma mulher briguenta. [...] A esposa briguenta é como o gotejar constante num dia chuvoso; detê-la é como deter o vento, como apanhar óleo com a mão."* (Pv 21:19 / 27:15-16)

O Matias sabia dessas coisas, e era o único que conseguia viver com isso.

Outros homens tentaram, mas no final a Luzia estragava tudo, e ainda dizia que a culpa não era dela, e sim deles — até que ela conheceu o Matias e se casou. Certa vez, ela estava cuidando dos seus afazeres domésticos, como uma boa dona de casa que cuidava muito bem do seu marido e do seu filho.

E aconteceu que houve um entupimento na pia da cozinha, de tal maneira que foi preciso chamar um profissional para resolver o problema.

Quando o profissional chegou e entrou em sua casa para resolver o problema da pia da cozinha, os fofoqueiros de plantão perceberam que o homem que havia entrado estava demorando muito a sair, e começaram a tirar conclusões precipitadas. A notícia de que Luzia poderia estar traindo o seu marido com um possível amante se espalhou na comunidade como poeira ao vento. Esse boato chegou aos ouvidos da Luzia e, como sempre, ela perdeu o equilíbrio novamente — ficou brava como uma ursa feroz.

📍Tópico 01 - Desequilibrada.

Jurou a si mesma que acabaria com a raça da pessoa que havia espalhado aquela fofoca infame — pois, de fato, Luzia podia ser tudo, menos infiel ao seu marido. Depois de um tempo, uma de suas vizinhas maldosas, a mesma que começou o buchicho, chegou até Luzia e disse que aqueles boatos — de que ela possivelmente poderia estar traindo o marido com outro homem — foram espalhados por Simone, uma mulher temente a Deus e bem conhecida por todos na comunidade. Então Luzia se levantou com sangue nos olhos e foi atrás de Simone até sua casa, mas não a encontrou lá. Todavia, ficou sabendo que ela havia ido ao açougue. Partindo para o açougue totalmente desequilibrada, encontrou Simone no caminho, já voltando de lá. Simone só conhecia Luzia de vista; mesmo assim, cumprimentou-a como fazia com todos, sem saber de nada: — *Bom dia, que Deus te abençoe.*

Luzia logo cortou o cumprimento de Simone, dizendo-lhe: — *Que mané bom dia, sua sem-vergonha! Já estou sabendo que foi você que saiu fazendo fofocas a meu respeito, dizendo que eu estava traindo meu marido com outro homem. Conheço o seu tipo: crente da bunda quente, santinha do pau oco. A mim você não engana. Mas agora você não vai escapar de levar uma boa surra.*

Dito isso, Luzia não deixou Simone falar nem se defender das acusações, pois partiu para cima dela com muito ódio e começou a espancar a coitada da mulher inocente com muita força. Rasgou o vestido dela, arrancou parte de seus cabelos, socou seu rosto até sangrar, humilhou Simone e a deixou no chão, toda machucada e envergonhada. Só não bateu mais nela porque pessoas ao redor entraram na briga e tiraram a doida de cima de Simone.

Simone se levantou do chão envergonhada, quase nua, ferida e desnorteada, pois não sabia o motivo daquela briga e estava muito confusa com tudo aquilo. Quando a polícia chegou, mandou Luzia voltar para sua casa, pois ela estava muito descontrolada, ameaçando matar Simone.

O policial queria levar Simone até a delegacia para prestar queixa de agressão e ameaça de morte, mas ela preferiu não prestar queixa e voltou toda quebrada para casa. Depois desses acontecimentos, disseram a Luzia que Simone estava viajando naquele tempo em que surgiram os boatos a seu respeito, e que só fazia alguns dias que havia voltado da viagem.

Por isso, não fazia sentido algum a acusação. Também disseram a Luzia que a mulher que havia acusado Simone era a fofoqueira do bairro, e não Simone. Disseram que conheciam Simone e sabiam que ela era uma mulher honesta e reservada, de poucas amizades, que não se envolvia na vida alheia.

Pelo contrário, disseram que Simone detestava as fofocas e as intrigas.

Percebendo a injustiça que havia cometido, pela primeira vez na vida, Luzia reconheceu seu erro e decidiu visitar Simone para lhe pedir desculpas por suas ações e atitudes erradas. Simone perdoou Luzia e ainda lhe falou do amor de Jesus Cristo. Luzia voltou para sua casa impactada com a atitude de Simone, pois foi até ela esperando ouvir alguma palavra desagradável ou, até mesmo, ser maltratada. Mas tudo o que recebeu foi perdão, amor, bondade e compreensão da parte de Simone. Luzia sabia que havia machucado muito Simone naquele dia, quando a agrediu com socos e palavras de baixo calão.

Porém, foi recebida por Simone não com pedras nas mãos — pelo contrário, foi acolhida com doçura e amor. Desse modo, Luzia foi quebrada por Simone, por sua bondade e amor. Mas isso porque Luzia não sabia o que era ter misericórdia de outra pessoa. — *Como ela pôde me perdoar tão facilmente depois de tudo que eu fiz com ela?*

Essa era a pergunta que Luzia fazia a si mesma enquanto voltava para casa. Além disso, Simone a tratou com amor, fez uma oração por ela e ainda convidou Luzia e sua família para um jantar em sua casa, no sábado.

Luzia ficou verdadeiramente impressionada com a atitude de Simone.

Contou tudo ao seu marido, e juntos foram ao jantar na casa dela.

Então, a família de Simone conheceu a família de Luzia, e elas se tornaram boas amigas. Por causa da amizade, Simone conseguiu ganhar Luzia para Jesus, e Luzia começou a frequentar a igreja junto com sua amiga Simone.

Depois de sete meses, Simone, junto com seu marido, decidiu voltar para sua cidade de origem, em outro estado, onde tinha um bom pedaço de terra e alguns bens deixados de herança pelo seu finado pai, que morreu muito cedo.

Mas Luzia continuou firme na igreja e mudou muito aos olhos de todos que a conheciam, pois se portava como uma santa na presença de toda a comunidade. Falava muito sobre a salvação da alma e sobre a danação do inferno. Todos, sem exceção, admirados com sua mudança, diziam a ela:

— *Quem te viu, quem te vê!*

No começo de sua conversão, como todos os crentes, Luzia começou muito bem na fé. Realmente havia mudado para melhor: tornou-se uma mulher mais calma, mais pacífica, mais bondosa, menos briguenta, menos faladeira, menos fofoqueira, mais amável, mais mansa, mais equilibrada e mais sensata. Ela estava amando as doutrinas da sua igreja, estava amando a palavra de Deus, estava amando ser uma crente fiel ao Senhor Jesus.

Mas seu marido não gostava muito de ir à igreja. Às vezes, ele ia ao culto na marra, mas era uma pessoa indiferente, não era fervoroso como sua esposa. Isso, porém, motivava Luzia a buscar cada vez mais a salvação do Senhor — não só por ela, mas também por seu marido e por todos os seus parentes mais chegados, aqueles que mais amava, pois não queria que se perdessem. Era o fogo do primeiro amor incendiando seu coração.

Mas lá estava ele, outra vez no boteco, tomando de boa sua cervejinha bem gelada e uma boa dose de conhaque — é claro que escondido da mulher, pois ela não gostava que ele bebesse. Mas ele tinha uma fraqueza pelo álcool: o maior defeito de Matias, de fato. Essa vontade ele não dominava.

Era um homem manso, bebia para ficar alegre, nunca para brigar com a esposa. Porém, depois que Luzia se converteu, embriagar-se ficou difícil para ele. Por isso, bebia às escondidas, bem longe da visão de Luzia e dos irmãos da igreja. Por muitos anos, viveu assim — como um cão acuado, escondendo-se de si mesmo e da esposa, escondendo-se da vida atrás de uma garrafa.

Até que um dia, no culto, foi tocado e aceitou o Senhor Jesus de todo o coração. Para Luzia, a conversão do marido foi uma grande vitória — e, de fato, foi mesmo. Porque Jesus trouxe a verdadeira paz para Matias.

Mas, depois de um tempo, ele sofreu um acidente de trabalho: caiu do décimo segundo andar do prédio onde trabalhava como pedreiro. Não resistiu aos ferimentos e morreu no local da queda, morreu na hora — e foi levado pelos anjos ao paraíso. No paraíso, deu glória a Deus por ter aceitado Jesus a tempo. Luzia ficou sem seu companheiro, mas não demonstrou muita dor no começo, pois ainda estava processando a morte do marido.

Passava por uma fase de negação. Sumiu por um tempo, deixando o filho aos cuidados da irmã, e não foi ao velório do marido. Fugiu da situação porque não queria acreditar na morte dele. Mas, quando a ficha caiu e ela percebeu que Matias realmente havia morrido, sentiu uma tristeza profunda, como se estivesse caindo num poço sem fundo, numa queda infinita.

Guardou a dor em um lugar bem escondido dentro do coração, se levantou e seguiu em frente. Voltou para casa, voltou para o filho, voltou para a igreja, voltou para sua vida diária — e, com o passar do tempo, se conformou com a perda. As dores que não conseguiu matá-la fortaleceu a sua fé, e ela se tornou mais fervorosa do que nunca, no zelo por Deus e pela sua igreja. Começou a trabalhar para manter a sua casa e o seu filho, e assim era a sua vida, de casa para o trabalho, do trabalho para a sua casa, e de casa para a igreja.

A sua maior dificuldade era cuidar do filho autista, que ela precisava deixar aos cuidados dos parentes para poder ir trabalhar — cada dia com um parente diferente, pois ninguém gostava de cuidar do menino por muitos dias. Por ser autista, ele dava muito trabalho. E, sem falar no dinheiro que Luzia tinha que tirar do bolso para pagar os próprios parentes, para que cuidassem do menino. As dificuldades da vida e as mazelas do pó estavam deixando-a amargurada. A falta e a saudade do marido, os cuidados da casa, do trabalho e do filho autista estavam deixando-a estressada. Ela estava a ponto de explodir, mas a igreja lhe dava respaldo, e sua fé em Deus sempre a fortalecia. Num culto de domingo, com as mãos erguidas ao céu e lágrimas no rosto, ela orava e adorava o seu Criador com tanto fervor que tocou o coração de Deus. E Deus derramou grandiosamente as águas do Espírito Santo sobre a vida dela — águas que curam. A presença de Deus a fortaleceu como nunca antes, e ela foi revigorada. A tristeza sumiu do seu coração, as feridas foram curadas e fechadas, e ela se sentiu amada e importante para Deus — e, de fato, ela era mesmo muito amada e importante para Deus.

Deus amou Luzia e aliviou o seu fardo pesado. Com o passar do tempo, sua vida melhorou. Ela conseguiu receber a bendita indenização da empresa onde o marido trabalhava — uma boa quantia em dinheiro, devido ao acidente que tirou sua vida. Conseguiu uma vaga em uma boa instituição de apoio aos autistas, para deixar o filho em período integral aos cuidados de profissionais enquanto trabalhava. Também recebeu um auxílio do governo no valor de um salário mínimo, em razão do problema do filho autista nível três. Foi sorteada e recebeu moradia própria num projeto de habitação do governo. E ainda conseguiu outro emprego, bem melhor que o anterior.

Sua vida estava melhor, e ela estava mais contente e menos angustiada.

Os trabalhos que fazia na igreja, no grupo de intercessão e evangelização, ocupavam sua mente e alegravam seu coração, aniquilando as dores da vida.

Os irmãos da igreja ajudavam em tudo que ela precisava. Deste modo, ela não sentia mais tanta solidão pela falta da companhia do falecido marido.

E Deus estava com ela, porque ela era fiel.

Cada vez mais, ela foi se dedicando a servir ao Senhor em sua igreja.

Santificava-se em orações e jejuns, na leitura das Escrituras, cultuando ao Senhor sempre que havia cultos. Também evangelizava e profetizava na vida das pessoas, pregava o evangelho, falava sobre a salvação em Cristo, orava pelas pessoas e crescia como uma mulher de Deus.

Vendo o seu trabalho e a sua dedicação, o pastor da sua igreja a colocou como líder do grupo de evangelização e intercessão. Mas ela começou a querer mais: queria estar em cima do altar, no púlpito. Por isso, se dedicou ainda mais a se santificar e a se instruir na Palavra de Deus. Começou a trazer muitas almas para a igreja, evangelizando com seu grupo de evangelização; visitava os irmãos da igreja e os fortalecia na fé, ensinava-os no que fosse necessário, fazia cultos nos lares das pessoas, profetizava com poder e autoridade — e todos em sua igreja, até mesmo o pastor, passaram a considerá-la uma grande profetisa de Deus. Com isso, ela ganhou espaço para pregar em sua igreja e em outras igrejas, sendo ungida pela liderança como missionária. Ela estava a todo vapor, querendo ganhar o mundo para o Senhor Jesus. Sua mensagem era: santificação. Ela era irrepreensível e perfeita em seus caminhos, uma grande ganhadora de almas, que cresceu muito em seu ministério. Com esse crescimento, muitos a convidavam para pregar em suas igrejas, em congressos missionários, em congressos de avivamento, em grandes eventos promovidos por instituições religiosas.

E ela sempre pregava a santidade: — *Aleluia! Glória a Deus! O Senhor me mandou dar um recado para você, que está presente neste culto. Ouça a voz de Deus, você que está em pecado, traindo sua esposa com uma amante bem mais jovem do que você. Arrependa-se do seu pecado e do seu adultério, porque Deus está vendo tudo! O Senhor me disse que vai pesar a sua mão. Ele me disse que, se você não se arrepender, a desgraça recairá sobre a tua cabeça. Porque o nosso Deus é santo, e o seu povo também tem que ser santo!*

Ela também contava seu testemunho, dizendo o quanto Deus havia mudado sua vida e seus comportamentos errados. Dizia que era uma mulher possessa de demônios, perversa, encrenqueira, briguenta, faladeira e barraqueira, que não levava desaforo pra casa. E dizia que Jesus a transformou da água para o vinho. E, de fato, Jesus realmente havia transformado Luzia da água para o vinho. Porque, realmente, a glória de Deus transforma a vida de toda alma que o busca. Foi o que aconteceu com Luzia: ela buscou a glória de Deus — e foi tocada. E a glória de Deus faz mudanças na vida e no caráter de qualquer pessoa que a busque com sinceridade. Mas também é necessário manter o equilíbrio para poder manter a "glória" em si. *"E todos nós, com o rosto desvendado, contemplando, como por espelho, a glória do Senhor, somos transformados, de glória em glória, na sua própria imagem, como pelo Senhor, o Espírito."* (2Co 3:18)

O toque de Deus na vida de Luzia verdadeiramente foi uma bênção.

Mas, conforme foi crescendo e se destacando na obra de Deus, ela foi se tornando cada vez mais rígida em relação à santidade e à pureza — e isso trouxe um revés em sua vida como serva de Deus. Ela começou a perder a simplicidade de Cristo, e o fanatismo religioso passou a afetar seu equilíbrio.

Começou a se achar mais santa e mais pura do que toda a igreja que ouvia suas pregações. Adotou um comportamento altivo diante do povo de Deus, pois realmente acreditava ser mais amada e mais querida por Deus.

Cegamente, pensava ser santa, pura e perfeita diante d'Ele.

Seu desequilíbrio voltou, porém de outra forma — agora, com uma rigidez extrema nas questões da vida com Deus, como santidade e pureza. A santidade e a pureza em excesso, somadas a uma boa dose de desequilíbrio, perverteram seu coração. Ela se tornou uma santarrona de primeiro grau, achando-se a mais santa e a mais pura em comparação àquela geração de crentes impuros e falhos. Na sua mente, não havia falha nem pecado. Foi nutrindo esse pensamento de perfeição e autocapacidade que se desviou da verdadeira sabedoria e se desequilibrou do genuíno e simples evangelho de Cristo. Assim, corrompeu-se, pensando ser santa como Deus é santo.

"Se dissermos que não temos pecado nenhum, a nós mesmos nos enganamos, e a verdade não está em nós. Se confessarmos os nossos pecados, ele é fiel e justo para nos perdoar os pecados e nos purificar de toda injustiça." (1Jo 1:8-9)

Muitas almas admiravam a missionária Luzia, mesmo enquanto ela se desequilibrava em seus ensinos e doutrinas rígidas de pureza e santidade.

O livro que lançou — A Verdadeira Doutrina de Deus — foi um sucesso.

Assim, autoproclamou-se mestra dos ensinos da pureza e da santidade.

Não conseguia conter seu desequilíbrio. Estava sempre buscando novas formas de doutrinas criadas por si mesma, relacionadas à santidade e à pureza do corpo, da alma e do espírito — distorcendo mensagens puras e simples, tais como esta: *"O mesmo Deus da paz vos santifique em tudo; e o vosso espírito, alma e corpo sejam conservados íntegros e irrepreensíveis na vinda de nosso Senhor Jesus Cristo."* (1Ts 5:23)

A mensagem bíblica é simples e boa, mas ela distorcia e complicava tudo, tornando as coisas mais rígidas e mais difíceis. Assim, suas doutrinas colocavam obstáculos à obra de Deus, pois acabavam se tornando um peso desnecessário. Ela estava tentando impor um tipo de santidade forçada e totalmente carnal, criando novas doutrinas, regras e medidas cristãs.

Ou seja, o zelo estava se transformando em legalismo, e a pureza estava perdendo a conexão com a graça — algo que costuma acontecer quando a carne entra em ação. Como a Palavra nos ensina a manter o nosso espírito, corpo e alma íntegros e irrepreensíveis, ela abordava como se deveria manter o corpo, a alma e o espírito em pureza diante de Deus. Desde a higienização do corpo físico até a higienização da alma e do espírito — tudo através de suas próprias doutrinas e ensinos carnais. Alguns exemplos:

"O dever de tomar de três a quatro banhos por dia, e se necessário até mais, para manter o corpo físico sempre limpo e puro". "O dever de tomar banho todas as vezes que usar o banheiro para fazer o número dois". "O dever de trocar de roupas todos os dias". "O dever de manter sempre a casa em perfeita limpeza". "O dever de trocar os lençóis da cama sempre que tiverem relações íntimas com seus cônjuges — e, principalmente, tomar, banho após todas as relações". "O dever de nunca se apresentar diante de Deus, em oração, sem antes tomar um bom banho". "O dever de lavar bem as mãos todas as vezes que for se alimentar, seja a hora que for — e, principalmente, todas as vezes que for pegar na Bíblia, enfim".

Preceitos e doutrinas de homens — loucuras de uma mente desequilibrada.

Outros exemplos para manter a pureza do espírito e da alma: "Nunca ouvir músicas seculares". "Nunca assistir televisão". "Nunca fazer amizade com pessoas do mundo". "Nunca jogar videogame, nem qualquer outro tipo de jogo". "Nunca entrar em uma igreja católica". "Nunca olhar para imagens de esculturas — muito menos falar o nome da imagem". "Nunca gritar — sempre falar baixo". "Nunca dizer palavrões". "Nunca usar bermuda, nem camiseta cavada". "Nunca usar adornos como brincos ou piercing". "Nunca dormir nu". "Evitar orar sentado ou em pé, exceto nas horas das refeições". "Evitar comer alimentos de procedência animal, como carne, ovo e leite". "Não tomar café, nem chá, nem refrigerante". "Não usar nenhum tipo de maquiagem". "Não cortar o cabelo muito curto, nunca se depilar, enfim."

Ela ensinava essas e muitas outras coisas — preceitos e doutrinas humanas.

Era uma mulher supersticiosa, que trocou a fé pelas santas superstições.

Perdeu o marido aos trinta e dois anos de idade, mas nunca pensou em se casar novamente, pois se achava santa demais para ser tocada por um homem. Também ensinava os casais a evitarem ter relações íntimas para manter a pureza e a santidade. Dizia que os casais só deveriam se relacionar quando o desejo da carne não mais aguentasse a pressão da paixão carnal.

Tinha, inclusive, uma espécie de planilha em seus livros, que ensinava os números, os modos, as posições, os dias e os horários ideais para o casal ter relações íntimas. E dizia que todos os casais que não seguiam sua planilha de santidade e pureza estavam se contaminando e pecando contra Deus.

De fato, era muita lorota. Mas seus ensinos e doutrinas absurdas eram seguidos por muitos crentes — almas que não conheciam muito bem a Palavra de Deus. Vidas cegas, com o entendimento obscurecido, por isso ficavam presas nesse tipo de doutrina. A santarrona Luzia, a missionária da pureza e da santidade, ensinava com plena convicção suas doutrinas rígidas e exageradas, que ultrapassavam o limite. Com um ar de superioridade sobre seus ouvintes, achando-se a mais santa e a mais pura, a mais perfeita e justa diante de Deus, dizia com arrogância: — *Quem poderá subir ao céu, à santa habitação de Deus? É preciso ser santo, puro e perfeito para se achegar diante daquele que É santo. Lamento dizer, meus irmãos, mas ninguém aqui está preparado — senão eu. Eu sim tenho levado uma vida santa e perfeita diante de Deus. Mas o Senhor me revela que todos vocês precisam se arrepender das suas impurezas e se tornarem almas puras, santas e imaculadas, assim como eu tenho sido diante de Deus. Eu também já fui uma alma má, mas busquei a santidade, e hoje sou uma alma boa. Sejam fortes e santos diante de Deus, assim como eu tenho sido. Porque, se eu posso ser perfeita, vocês também podem. A minha doutrina te ajudará a se tornar uma alma santa, pura, justa e perfeita diante do nosso Deus. Ouça-me, e Deus se agradará de você como se agrada de mim. Porque verdadeiramente eu tenho vivido em santidade diante do santo Deus.*

Deste modo, ela se exaltava diante de Deus e diante dos homens — e todo o povo, cegamente, dava glória a Deus. Com isso, seu ego inflava cada vez mais. Certa noite, em sua casa, teve um sonho bizarro. No sonho, viu seu filho nadando dentro de uma piscina grande e profunda, cheia de imundícies.

Despertou assustada, achando que aquilo era uma revelação de Deus.

Temerosa, ela dobrou os joelhos e orou pedindo uma revelação sobre o sonho, pois ficou muito perturbada e preocupada: — *Meu Deus e meu Salvador, o Senhor me conhece, conhece a minha pureza e a minha santidade, e sabe que tenho sido perfeita diante de ti. Mas a tua serva teve um sonho horrível: sonhei que meu filho estava nadando em uma piscina cheia de podridão e de imundícia. Revela-me o significado deste sonho, eu te peço. Não é qualquer um que te pede — sou eu, a tua santa e amada serva, a escolhida do Senhor...*

(Não sei se Deus daria ouvidos a esse tipo de oração.)

Ela orou, mas não obteve nenhuma resposta. Entretanto, ficou esperando a revelação de Deus. Depois de três dias, pensou ter recebido uma revelação.

No dia em que ela pensou ter ouvido a voz de Deus, estava toda irritada e com nojo das fezes do filho, enquanto trocava a fralda do jovem.

Isso ela fazia todo santo dia; porém, naquele dia e naquela hora em que estava trocando a fralda do jovem, veio um pensamento à sua mente, e ela pensou ter sido uma revelação. Isso era comum: ela confundia os próprios pensamentos com revelações. Sonhava acordada e pensava que eram visões de Deus, por isso o diabo a enganava tão facilmente, soprando em seu ouvido — mas isso porque seu coração já havia se corrompido há muito tempo, devido ao seu grande e "santo" desequilíbrio. Em sua mente pervertida, ela pensou que o filho era um poço de impureza, e que Deus estava falando para ela se livrar daquele corpo sujo de fezes de uma vez por todas, para que pudesse ficar livre daquela impureza. Pois, em sua mente, as impurezas do filho autista — que precisava ser limpo de suas fezes todos os dias — estavam contaminando sua vida de pureza. Porque, em sua mente supersticiosa, a sujeira exterior do corpo também contaminava o interior do corpo, tornando a pessoa impura. Mas é claro que isso era só mais uma loucura da sua excessiva busca por pureza e santidade, pois a busca pela perfeição corrompeu seu coração. Os pensamentos de viver uma vida livre de preocupações, em relação aos cuidados do filho, eram pensamentos que já vinham rondando sua mente nos últimos anos. Ela pensava que, sem o filho, poderia ter muito mais liberdade para viajar e trabalhar na obra de Deus.

Porém, ela mesma não queria acreditar nos próprios desejos sombrios.

Então, para se justificar de sua perversidade, jogou toda a responsabilidade para cima de Deus e matou o próprio filho, dizendo a si mesma que não era por mal, mas pela vontade de Deus — para que pudesse servir ao Senhor com mais pureza e mais liberdade na obra de Deus. Pensando apenas em si mesma, em sua comodidade e sossego, em sua liberdade e em sua carreira de pastora, em um momento de raiva, na hora em que estava limpando o filho, ela explodiu e perdeu o equilíbrio. E assim sufocou o próprio filho indefeso com um travesseiro, até o jovem perder o fôlego e morrer em seus braços.

Depois que viu o mal que havia feito, notificou o hospital e chamou uma ambulância, dizendo que o filho teve mais um ataque de epilepsia e precisava de socorro médico urgente, pois o menino não estava reagindo aos seus estímulos. E chorava muito ao telefone, como uma boa atriz.

Deste modo, segundo o laudo médico, o filho morreu por insuficiência respiratória, devido aos muitos problemas de saúde que tinha desde que nasceu. E Luzia se livrou da prisão por homicídio, entrando mais uma vez em estado de negação. Pois, em sua mente deturpada, passou a acreditar na própria mentira — realmente acreditava que o filho havia morrido de causas naturais, porque não queria se lembrar de que havia matado o próprio filho.

No velório do jovem, Luzia chorava e interpretava muito bem o papel de mãe desolada. Muitos crentes que foram ao velório prestar condolências, se lamentavam pela Luzia dizendo: — *Pobre mulher de Deus, vejam como ela está sofrendo! Ela perdeu o marido, e agora também perdeu o seu único filho. Uma mulher tão santa e tão justa não merecia estar passando por essa dor. Que Deus tenha misericórdia dela e a fortaleça. Pois o mundo precisa de mulheres de Deus assim como ela, para pregar o evangelho.*

Ela escapou da lei dos homens, mas jamais poderia escapar da lei de Deus.

"Portanto, eu vos julgarei, a cada um segundo os seus caminhos..." (Ez 18:30)

Depois que enterrou o seu único filho, voltou para casa com o coração pesado e a mente confusa. Lutava para que suas lembranças não viessem à tona, tentando esquecer o que aconteceu, pois queria se conformar e se autoconvencer de que o filho havia morrido de morte natural.

Os primeiros dias foram difíceis, mas ela se concentrou mais do que nunca em seu ministério e conseguiu seguir em frente, mentindo para si mesma.

Porém, lá no fundo, sabia que havia matado o próprio filho. E não se arrependeu, nem confessou, nem admitiu seu grande pecado diante de Deus.

Pelo contrário, ainda acreditava em sua santidade, pureza e perfeição.

Continuava com o coração altivo e arrogante, julgando os pecadores do mundo e fazendo vista grossa para os próprios pecados e maldades.

Pois caiu no próprio engano, pensando que não tinha nenhum pecado.

"Então, você, que ensina os outros, não ensina a você mesmo? Você, que prega contra o roubo, rouba? Você, que diz para não adulterar, adultera? Você, que abomina ídolos, rouba os templos? Você, que se orgulha da lei, desonra a Deus ao transgredir a lei?" (Rm 2:21-23)

Achava-se tão especial para Deus que pensava estar imune ao pecado.

Mesmo quando pecava, dizia a si mesma que não havia pecado. Era como aquele ditado popular: *"Faça o que eu digo, não faça o que eu faço."*

O pior cego é aquele que não quer enxergar — e ela era esse tipo de cego.

Pois só enxergava os pecados dos outros, mas não enxergava os próprios.

Mesmo quando abria a boca para julgar e para falar mal da vida alheia; mesmo quando amaldiçoava em nome de Deus; mesmo quando desejava o mal ao seu próximo; mesmo quando começou a se masturbar sozinha no banheiro; mesmo quando mentia para conseguir o que queria; mesmo quando enriquecia à custa da igreja; mesmo quando engordava em tempo de fome; mesmo quando mentia em suas revelações; mesmo quando contava os seus falsos testemunhos sobrenaturais; mesmo quando buscava a glória dos homens; mesmo quando pecava, enfim. De fato, ela era uma grande pecadora, mas não admitia os seus pecados. Havia as ovelhas débeis que abraçavam suas doutrinas, mas também havia homens de Deus que pregavam contra seus ensinos. Esses pregadores eram odiados por ela, pois denunciavam suas doutrinas carnais e diabólicas. — *Esses filhos do demônio que pregam contra a minha santa e piedosa doutrina estão procurando sarna pra se coçar, porque a mão de Deus vai pesar sobre eles. Malditos sejam todos eles, que pregam contra o verdadeiro evangelho e a verdadeira serva de Cristo. Todos eles queimarão no fogo do inferno, pois pregam mentiras.*

Havia um pregador que estava deixando a missionária Luzia louca de tanta raiva, pois ele se levantou para perseguir ferrenhamente as doutrinas dela e estava conseguindo convencer muitas almas sobre os enganos que ela ensinava. Não sabendo mais o que fazer para calar a boca do pregador, decidiu que a melhor coisa a se fazer pela obra de Deus era dar um fim naquele herege. Assim, ela seduziu um dos seus discípulos fiéis, dizendo que Deus estava mandando ele matar o pregador, pois ele estava destruindo a obra de Deus. Cegamente, o discípulo se levantou para fazer a obra de Deus e, com dois tiros no peito, matou o tal pregador e fez a vontade de Deus.

Deste modo, Luzia venceu mais um oponente. Entretanto, depois de sete dias, os investigadores da lei conseguiram imagens de uma câmera de segurança que filmou o homicídio e a placa do carro do irmão assassino.

Foram até a casa dele com uma ordem de prisão preventiva.

Na casa do irmão, encontraram a arma do crime e, na delegacia, sob pressão, ele confessou toda a verdade. Disse que matou por ordem da missionária Luzia. Então os policiais saíram atrás de Luzia e a encontraram na igreja, pregando sobre santidade e se exaltando sobre todos, atrás do púlpito. Eles fizeram parar o culto, chamaram a Luzia e algemaram suas mãos para trás. Porém, ela começou a gritar, dizendo que não sabia o que estava acontecendo, e que, seja o que fosse, ela era inocente.

Os irmãos ficaram perplexos ao ver a serva de Deus sendo levada.

O escândalo virou notícia de televisão e destaque nos jornais do país, mas ela continuava negando tudo, dizendo que era inocente. Contudo, foi condenada junto com o irmão por homicídio; e assim sua máscara caiu, e tudo foi revelado: *"Não há nada encoberto que não venha a ser revelado, nem oculto que não venha a ser conhecido. Porque tudo o que vocês disseram às escuras será ouvido em plena luz; e o que disseram ao pé do ouvido no interior da casa será proclamado dos telhados."* (Lc 12:2-3)

Ela se sentiu tão envergonhada e humilhada que entrou em estado de depressão profunda. Parou de comer, não tomava banho e não queria sair da cela. Ficou muito magoada e revoltada contra Deus por estar naquela situação. Foi ficando cada vez mais fraca; começou a definhar dentro dos muros da prisão — não apenas fisicamente, mas também mentalmente.

Ficou maluca e começou a dizer que seu filho e seu marido logo viriam buscá-la para tirá-la da cadeia. Mas eles nunca vieram, e ela foi ficando cada vez mais triste e louca. Uma companheira de cela disse que seu marido e seu filho nunca viriam, pois estavam mortos e ela estava condenada.

Ouvindo isso, Luzia deu uma bofetada na mulher e a ofendeu com palavras de baixo calão. A mulher que levou a bofetada ficou tão ofendida que jurou a si mesma que iria matá-la. Durante a noite, quando todas dormiam, a mulher se pôs acima de Luzia e, com as próprias mãos, começou a estrangulá-la. Luzia sufocou e morreu. Morreu sufocada como seu filho morreu sufocado. Então ela desceu às regiões dos mortos, passou pelo seio de Abraão e viu o pregador que mandou matar, seu marido e seu filho bem de longe — mas não parou por lá. Continuou sendo levada para baixo, para o mais profundo abismo. Quando sentiu o tormento das chamas do inferno, blasfemou contra Deus em meio aos gritos de aflição e de desespero.

E não conseguia acreditar que estava no inferno.

Sua santidade excessiva e sua pureza desequilibrada corromperam seu coração e a fizeram pensar que estava acima de tudo e de todos.

Porque tudo que é excessivo é obra da carne. Tudo que é excessivo tira o equilíbrio. Ela começou andando bem com Deus, mas se corrompeu na metade do caminho. Cegamente, pensou que estava fazendo tudo certo, do jeito que Deus queria que fosse — mas, na verdade, estava buscando fazer sua própria lei. E com isso, pegou o desvio para o abismo.

Capítulo 07

Das trevas pra luz,
da luz para as trevas.

Na cidade grande e populosa, no extremo sul da cidade, nascia Luciano, filho do Doutor Antônio. Em outra parte da cidade grande e hostil, no extremo norte da cidade, nascia Luciana, filha do faxineiro Manoel.

Duas vidas que vieram ao mundo no mesmo dia e no mesmo horário; duas almas que partiriam desta vida para o além, no mesmo dia e na mesma hora; duas almas que se trombaram pelos caminhos da mesma cidade em que moravam, mas não chegaram a se conhecer. Desde pequeno, Luciano, filho do renomado Doutor Antônio, foi um menino mimado, pois sempre teve tudo que queria na mão — bastava estalar os dedos. Mas Luciana, filha do humilde faxineiro Manoel, apenas sonhava com uma vida melhor e mais próspera; uma vida que igualasse a sua vida às novelas da TV.

 Ela também sonhava em ter toda a coleção e os acessórios da boneca Barbie; sonhava com o estilo de vida de luxo da boneca patricinha.

Mas seu pai não podia bancar o seu sonho, por isso ela teve que se conformar com uma simples boneca de pano. Ainda bem que as crianças não guardam mágoa no coração. A mãe e o pai de Luciana eram pessoas simples e humildes, crentes no Senhor Jesus Cristo, que depositavam suas esperanças na vida eterna. Assim, Luciana cresceu em berço cristão e aprendeu as veredas da verdade e da justiça. Quando alcançou maturidade para discernir entre o bem e o mal, foi batizada nas águas e, com isso, confessou sua fé no Senhor Jesus Cristo, o Filho de Deus. E andava com retidão na presença de Deus, levando uma vida simples e íntegra como uma boa cristã.

Aos dezessete anos, perdeu sua mãe para o câncer; com dezenove anos, casou-se com um irmão da igreja; com vinte e dois anos, teve um filho; com vinte e quatro anos, perdeu seu pai em um acidente de moto, quando este pegava uma carona com um irmão da igreja; com vinte e seis anos, descobriu os adultérios do marido; com vinte e sete anos, o marido pediu o divórcio; com vinte e nove anos, cobiçou a glória do mundo e abandonou a estrada para Sião; com trinta anos, entregou seu filho aos cuidados do pai e ganhou o mundo; com trinta e um anos, só pensava em festas, bebedeiras, sexo, amor e felicidade; aos trinta e três anos, fumou a primeira pedra de crack; aos trinta e quatro anos, começou a se prostituir para ganhar a vida; aos trinta e cinco anos, virou uma moradora de rua; aos trinta e seis anos, deixava de comer para alimentar o seu maldito vício; aos trinta e sete anos, furtava e se prostituía para fumar crack; aos trinta e oito anos, quase morreu quando levou uma facada de um nóia. Assim que se recuperou voltou a fumar crack.

Mas Luciano teve uma boa infância, uma boa adolescência, uma boa juventude; seus pais não eram cristãos, mas eram da turma do cifrão, eram membros do Rotary Club de sua cidade. Quando completou dezenove anos, ele ganhou um carro esportivo de seus pais, por ser um bom filho, estudioso e dedicado na vida. Ele se formou e se tornou arquiteto, casou-se com uma jovem de família cristã tradicional, da Igreja Metodista, e acabou se convertendo ao cristianismo. Ele ia à igreja todo domingo, ouvia a palavra de Deus, orava e cultuava ao Senhor; no final do culto, costumava acompanhar os pais de sua esposa para almoçar em um bom restaurante, isso era de praxe.

Sua esposa ficou grávida e teve uma linda menina: a menina dos olhos de Luciano, o pai mais coruja da face do planeta Terra. Grande era o seu amor por sua esposa e por sua doce filhinha. Ele amava tanto a esposa que virou cristão por ela; e, depois que ela lhe deu uma filha, passou a amá-la ainda mais. Por isso, ele sempre dava graças a Deus pela sua boa vida.

De fato, ele sempre teve uma vida boa, desde a infância até o momento presente; pois ainda não havia conhecido a dor e a frustração. Pelo contrário, estava mais feliz do que nunca com sua profissão, com seus bens, com sua casa, com seus carros, com sua prosperidade, com sua esposa e com sua filha.

De bem com a vida e com o mundo, de bem com Deus e com os homens.

No aniversário de sete anos de sua filha, eles pegaram o avião e foram à Flórida, nos Estados Unidos, ao resort de entretenimento da Disney World. Os três — Luciano, sua esposa e sua filha — viveram dias mágicos no playground da Babilônia. Todos se divertiram muito; a vida de Luciano parecia um conto de fadas com final feliz, por isso ele sempre dava graças a Deus. Um cristão morno, porém um dizimista fiel, que todos os domingos ofertava em sua igreja, que sentia empatia pelos seus irmãos em Cristo e que amava muito sua vida e sua família perfeita; por isso, ele dava graças a Deus.

Ele não era um cristão perfeito; mesmo assim, eu creio que ele tinha a salvação. Pois nunca pensou em trair sua esposa e era honesto em seus negócios. Ele tinha o básico para alcançar a vida eterna e tinha uma boa vida na Terra. Mas, na terra dos viventes, nada dura para sempre; num piscar de olhos, tudo pode mudar, de repente. Assim como existem dias de bonança, também existem dias de tempestade; as mazelas do pó são reais, e elas vêm para provar os homens. Luciano estava prestes a ser provado, e grande seria a sua provação. *"Pois tu, ó Deus, nos submeteste à prova e nos refinaste como a prata. [...] O Senhor põe à prova ao justo e ao ímpio..."* (Sl 66:10) (Sl 11:5)

A esposa e a filha de Luciano pegaram o avião para fazer uma visita à sua avó e à sua bisavó, que estava doente. A avó da esposa de Luciano morava no Brasil, mas, quando seu marido se aposentou, eles voltaram à Itália, sua terra natal. No entanto, no meio da viagem, o avião apresentou defeito e caiu em alto-mar. Foi triste, pois ninguém sobreviveu. As buscas pelos corpos perduraram por dias; muitos corpos não foram encontrados. Felizmente, os corpos da mulher e da filha de Luciano foram encontrados, porém em péssimo estado. Por isso, o velório foi com o caixão lacrado. Todavia, no necrotério, antes do velório, Luciano viu os corpos de suas amadas em decomposição. Ao ver, ficou tão abalado que desmaiou no local. Levaram-no ao hospital, e, quando acordou, pensou que a morte de suas amadas poderia ter sido um pesadelo. Porém, não demorou muito para que alguém lhe revelasse toda a verdade — e a verdade deixou seu coração em pedaços.

A tristeza que ele sentiu com a morte das duas mulheres de sua vida foi algo indescritível. A dor que ele sentiu foi muito pior do que várias facadas no coração. Enquanto os caixões desciam à sepultura, as lágrimas inundavam os olhos de Luciano, e seus pensamentos viajavam nas lembranças felizes.

Ele estava tão inconformado com sua perda que daria todos os seus bens, sua profissão de arquiteto bem-sucedido, sua casa, seus carros, todo o dinheiro da sua conta bancária, suas roupas e até mesmo as roupas do corpo para tê-las de volta. Na verdade, ele daria sua própria vida para trazer de volta seus amores. Mas não havia mais nada a fazer, senão continuar vivendo com aquela dor. Porém, do outro lado da cidade, em um quarto de hotel, Luciana estava toda eufórica. Isso porque havia roubado todo o dinheiro da aposentadoria do velho que a chamou para fazer um sexo oral em sua casa.

Enquanto ele estava distraído, ela meteu a mão em sua carteira e fugiu da casa com um bom dinheiro no bolso. Por isso, ela estava toda eufórica no quarto do hotel, pois estava fumando muita droga, e sem miséria, com o dinheiro que roubou do velho depravado. Mas o dinheiro durou pouco tempo, a droga acabou, e ela teve de sair do hotel com uma mão na frente e outra atrás. Sem rumo e com apenas cinco reais que sobraram do dinheiro do roubo, ela comprou um corote de pinga e começou a se embriagar para se recompor. Porém, estava tão fraca que acabou dormindo no banco da praça onde havia sentado para beber, e só despertou de madrugada, com muito frio e com muita fome. Urinou ali perto e voltou a dormir até o raiar do sol.

Aliás, tentou dormir, pois o frio e a fome não a deixaram pegar no sono.

Quando o dia amanheceu, ela se levantou para tentar comer alguma coisa; saiu para pedir ajuda para comer, e uma senhora lhe pagou um café da manhã bem reforçado. Depois que comeu e se fortaleceu, voltou a procurar outra forma de ganhar dinheiro para fumar mais crack. Com o primeiro dinheirinho do dia que conseguiu pedindo esmola, saiu correndo para fumar a primeira pedra do dia. Depois de fumar a primeira pedra, ficou impossível parar. Por isso, saiu a todo vapor para tentar conseguir mais dinheiro e continuar fumando; e, nesse pique, ficou cinco dias sem dormir.

Às vezes se alimentava, mas muito pouco. Até que seu corpo não aguentou mais, e ela teve que parar para dormir. Ela dormia em qualquer lugar, no lugar em que seu corpo pedia arrego; ali mesmo se deitava e dormia, tamanha era a fraqueza e a exaustão do seu corpo. Depois de quase trinta horas dormindo, deitada sobre uma caixa de papelão na calçada de uma casa, debaixo de uma árvore, ainda despertou cansada, com sede e com fome.

A mochila onde carregava seus poucos pertences foi roubada enquanto dormia, e levaram até o chinelo dos seus pés. Sentindo-se muito mal, sentou-se na calçada e começou a pensar em sua situação triste e degradante: apenas com a roupa suja do corpo, descalça e sem documento. Sem saber para onde ir, sem saber o que fazer, sem saber por onde começar, pensou: — *Basta! Já chega desta vida! Vou procurar uma clínica de recuperação; vou parar de roubar, vou parar de me prostituir, vou parar de fumar crack, vou voltar para Jesus, vou dar um jeito em minha vida antes que seja tarde demais. Antes que eu morra nesta vida miserável e perca a salvação da minha alma, vou voltar para Deus antes que o inferno me arraste por toda a minha eternidade. Basta!*

Pensando assim consigo mesma, levantou-se e começou a andar sem saber para onde ia. Viu uma igreja com as portas abertas, entrou e pediu uma oração ao pastor, e falou que estava procurando uma clínica de recuperação para se tratar, pois não queria mais ser escrava das drogas. Tocado por Deus, o pastor ajudou Juliana: levou-a à sua casa e a deixou tomar banho; pediu à esposa que lhe desse roupas limpas, calçou seus pés com as sandálias da esposa, deu-lhe comida, fez algumas ligações, colocou-a no carro e saiu para tentar achar uma vaga na clínica de recuperação da sua igreja. No final, deu tudo certo, e naquele mesmo dia ela foi internada — pois assim Deus quis.

Na clínica de recuperação, durante um ano, ela refletiu muito sobre sua vida. Estava realmente arrependida, sentindo-se mal por todo o mal que havia praticado contra os outros e por todo o mal que havia feito a si mesma.

Depois de um ano sóbria, decidida a mudar de vida, decidida a andar com Cristo na estrada para Sião com honestidade e retidão, ela se despediu da clínica e saiu pela fé, firme com Deus. Saiu com a segunda via do seu documento, que tirou com o apoio da clínica; saiu com uma mochila cheia de roupas doadas; saiu decidida a vencer as tentações do mundo, mas sabia que não seria fácil. Saiu e foi para a casa do pastor, que havia conseguido uma moradia e um emprego para ela, numa panificadora de um irmão da igreja.

Ela trabalhou e morou na padaria, em um quarto que havia nos fundos do estabelecimento, até conseguir se estabelecer na vida de novo. Deus a tomou pela mão e a ajudou em tudo, pois viu que sua conversão foi verdadeira.

Luciano, porém, abandonou a igreja e a fé em Jesus devido à morte trágica de sua esposa e de sua filha. E assim, tornou-se um apóstata e perdeu a fé em Deus, pois pensava consigo mesmo: — *Por que Deus não quis livrá-las da morte? Por que justo a minha esposa e a minha filha? Por que eu, e não outros?*

Ele sempre teve uma vida boa e não estava acostumado com a dor e com a frustração. A primeira vez que sentiu as mazelas do pó pesando sobre sua vida, blasfemou contra Deus. Não se lembrou dos dias bons que Deus lhe havia dado; só conseguia se lembrar do dia mau, que levou sua esposa e sua filha. Culpou a Deus, como se Ele fosse o responsável pela morte de sua família. Pensou que Deus era uma babá, que tinha a obrigação de cuidar de todos. Isso porque seu coração não estava na vida eterna, e sim nas coisas terrenas. Ele não sabia que os pensamentos de Deus não são como os pensamentos dos homens; porque sua família havia morrido para ele e para o mundo, mas não havia morrido para Deus. Não conseguia ver que elas estavam bem melhor com Deus — e ele mesmo poderia revê-las um dia, se houvesse permanecido na presença de Deus. Mas, em vez de dar glória a Deus, ficou com muita mágoa d'Ele. Isso porque era egoísta e não conhecia o perfeito plano do Criador das estrelas. A morte da esposa e da filha de Luciano destruiu sua vida, e ele nunca mais conseguiu se levantar; nunca mais foi o mesmo. Seus pais, seus parentes e seus amigos tentaram reanimá-lo, tentaram impedir que desistisse da vida, mas ele acabou desistindo.

Começou a beber e a levar uma vida irresponsável.

Não queria mais trabalhar, não queria mais ser um homem bem-sucedido, não queria mais exercer sua profissão de arquiteto. E assim, torrou todo o seu dinheiro com bebidas e luxúria, embriagando-se todos os dias, vinte e quatro horas por dia. Só no uísque: acordava para beber e bebia para dormir.

Com isso, endividou-se e perdeu todos os seus bens — sua casa, seus carros, enfim. Muitos tentaram ajudá-lo, mas ele veementemente se recusou a ser ajudado. Desse modo, virou um mendigo bêbado e desiludido da vida; um mendigo sujo, que não tomava banho nem se barbeava; um mendigo que fedia a urina. Um homem que andava pelas ruas calado, sofrendo por sua grande perda. Certa vez, dois jovens cristãos ofereceram um marmitex a Luciano, que estava faminto. Porém, ele esculachou o moço e a moça que só queriam ajudá-lo: — *Eu aceito a comida, mas não venha falar do seu Deus para mim! Não vem com papo de Jesus, porque eu não acredito mais em Deus. Me poupe. Não existe mais nada no universo; nós, os seres humanos, somos donos deste mundo e deste planeta. Não há Deus, nem tampouco um criador. Deus é uma grande ilusão. Eu só acredito em mim mesmo, e nada mais.*

Mesmo sendo esculachados, os jovens ainda deram a comida a Luciano.

E ele pegou a marmita e saiu sem dizer "obrigado". Porém, eles ainda disseram: — *Que Jesus te abençoe e tenha misericórdia de você. Vai com Deus.*

Havia um jovem rico e homossexual que tinha uma tara abominável por moradores de rua — quanto mais sujo e barbudo, mais ele gostava. E aconteceu que esse jovem, rondando pela madrugada em seu carro, avistou Luciano dormindo sobre um papelão, debaixo do toldo de uma loja.

Ele parou o carro, despertou Luciano e perguntou se ele estava a fim de diversão, dizendo que pagaria muito bem. Mas Luciano ficou ofendido com a cantada daquele jovem e, tomado de ódio, agarrou seu pescoço e o estrangulou com as próprias mãos. Depois que matou o jovem, pegou seu papelão e saiu andando. Foi buscar outro lugar para se deitar e dormir — e dormiu como se nada tivesse acontecido. Pela manhã, encontraram o corpo do jovem morto na calçada. A polícia iniciou uma investigação e prendeu um homem inocente, que havia agido com imprudência, mas nunca encontrou o verdadeiro assassino. Afinal, quem iria suspeitar de um mendigo?

Esse homem inocente foi preso porque, ao passar pela manhã, encontrou o jovem no chão e, pensando que ele estava caído de bêbado, pegou sua carteira e seu celular, e foi embora. A polícia rastreou o celular do jovem e chegou até a casa do gatuno. Lá, encontraram o celular e a carteira do jovem, com todos os seus cartões de crédito e documentos. Desse modo, o homem se tornou o principal suspeito do crime. E como não encontraram outro suspeito, lançaram o homicídio nas costas do homem que estava com os pertences do jovem. Foi bancar o esperto e acabou levando a culpa.

Se ele não tivesse roubado o defunto, estaria livre dessa acusação.

Luciano, porém, continuou seguindo a vida como um bêbado, como se não tivesse feito mal nenhum. Mas ele havia encontrado uma forma de descarregar sua raiva da vida, do mundo, de tudo e de todos: matando pessoas inocentes. Começou a matar outros moradores de rua na madrugada, enquanto estes estavam dormindo. Assim, começaram a aparecer cadáveres de moradores de rua com as cabeças esmagadas por uma grande pedra pesada. Porém, nunca encontraram o assassino. Na verdade, não havia nem investigação para as mortes dos indigentes, porque, para o sistema, as mortes dos moradores de rua eram vistas como um favor à sociedade. Luciano não se tornou apenas um mendigo bêbado — tornou-se um psicopata.

Ele precisava ser preso ou internado num manicômio; caso contrário, mais almas inocentes iriam morrer, pois ele não tinha a pretensão de parar de matar. Visto que encontrou alívio para si mesmo matando outras pessoas, porque, além do vício do álcool, também se viciou em matar vidas inocentes.

Luciana, porém, deu a volta por cima e estava em paz com Deus e consigo mesma, andando em humildade e simplicidade com Cristo na estrada para Sião. Ela se casou novamente, com o padeiro da panificadora onde trabalhava, e já não morava mais no seu local de trabalho — morava em sua casa própria. Aliás, na casa do seu novo marido, que era viúvo e tinha apenas um filho casado que morava em outra cidade. Ele era um crente fiel em Cristo e amava Luciana, e Luciana, por sua vez, também o amava. Os dois estavam felizes com Cristo. Ela também lembrou-se do seu filho, visitou-o e lhe pediu perdão por ter ficado tantos anos sem vê-lo e sem dar notícias, por tê-lo entregado aos cuidados do pai e por tê-lo abandonado para ganhar o mundo. O jovem a perdoou, pois também era uma alma temente a Deus.

Mas seu pai continuava sendo um religioso, pois continuava frequentando a igreja. Porém, também continuava tendo seus casos extraconjugais.

Continuava casado com a mesma mulher com quem se casou depois de ter deixado Luciana. Ela não sabia de suas traições, pois ele havia aprendido a ocultar muito bem seus casos secretos — achava-se homem demais para uma só mulher. Contudo, mesmo sendo um adúltero, ainda pensava ser um servo de Deus. Então, Luciana chamou seu filho para ir morar com ela, para recuperar o tempo perdido, e o jovem rapaz aceitou o convite — o que a deixou muito feliz. O rapaz e o padrasto se davam muito bem; havia paz na casa de Luciana. *"Deixo com vocês a paz; a minha paz dou a vocês."* (Jo 14:27)

Ela também sonhava, algum dia, em segurar o seu neto no colo. Mas o rapaz ainda era jovem e não pensava em casamento — contudo, já tinha uma namorada. E o namoro do crente não costuma durar muito tempo, pois a carne é fraca. *"pois é melhor casar-se do que arder em desejos."* (1Co 7:9)

Luciano continuava solto, tocando o terror pelas noites da grande cidade: um psicopata bêbado e cruel, sempre atrás de uma nova vítima. Na verdade, ele enlouqueceu e se tornou morada de uma legião de demônios — isso porque blasfemou contra o Deus Bendito e não se arrependeu das suas blasfêmias. Ele caiu do paraíso direto no inferno. De repente, foi do luxo ao lixo. A reviravolta que houve em sua vida foi algo surreal e imensurável.

Mas isso porque foi fraco e falho, não vigiou, não suportou o dia da tempestade, pois não estava preparado. Foi um homem aparentemente bom — isso porque a vida era boa para ele, e por isso andava de bem com a vida.

Mas a calamidade revelou seu verdadeiro caráter.

Porque, na verdade, ele nunca foi bom; sempre foi egoísta e pensou apenas em si mesmo. De fato, tão somente era bom consigo mesmo, mais nada.

Comendo restos de comida do lixo, anos sem tomar banho, sempre calado e distante de todos — para conseguir dinheiro para beber, sentava-se na porta de uma agência bancária ou na porta de um supermercado e estendia a mão às pessoas que passavam. Desse modo, conseguia dinheiro para se embriagar. Às vezes, quando estava num dia muito ruim, xingava as pessoas que não podiam ajudá-lo. Mas nunca chegou a atacar ninguém em público — apenas xingava os que lhe negavam o dinheiro da pinga. Porém, de alguma forma, sempre conseguia dinheiro para se embriagar, porque nisso o diabo o ajudava. Do outro lado da cidade populosa e sem compaixão, o filho de Luciana, que já estava casado, deu as boas novas à sua mãe: sua esposa estava grávida. Essa boa notícia deixou Luciana radiante, muito feliz.

Com grande alegria, ela ergueu as mãos ao alto, deu glória a Deus e agradeceu muito por todo o bem que Ele havia feito por ela. Porque Jesus, de fato, mudou a vida de Luciana: perdoou seus muitos erros e pecados, a curou do maldito vício das drogas, deu-lhe estabilidade financeira, um lar e uma família abençoada, enfim. Deus a tirou do fundo do poço — isso porque ela se arrependeu e se converteu a Deus com sinceridade de todo o seu coração.

Assim, Luciana perseverou em seguir o Senhor na estrada para Sião.

Nada mais a tiraria da presença de Deus, pois ela amava o Senhor e estava decidida a perseverar em segui-Lo. Estava decidida a alcançar a vida eterna.

Nem mesmo as mazelas do pó seriam capazes de tirá-la da presença do seu Deus. Porém, quanto a Luciano, nem mesmo um anjo vindo do céu poderia convencê-lo de seus pecados. Ele perdeu a salvação quando decidiu não acreditar mais em Deus; perdeu a salvação e enlouqueceu quando blasfemou contra Deus, e não se arrependeu. Passados alguns anos, Luciana resolveu ir ao centro da cidade fazer umas compras para o Natal. Ela estava sozinha naquele dia, pois queria comprar alguns presentes e fazer uma surpresa para os seus amados. Naquele mesmo dia, Luciano estava num dia ruim, pois não conseguia nenhum centavo para curar a ressaca do dia anterior — ele costumava curá-la tomando cachaça. Mas o dinheiro para matar a sua sede não estava querendo entrar no seu bolso. Já estava perdendo a paciência com as pessoas que não queriam ajudá-lo com uma moeda; já estava xingando todos os que não o ajudavam. O tempo foi passando, e ele foi ficando cada vez mais nervoso e violento — estava quase explodindo de tanta raiva.

Na mesma calçada em que Luciano estava pedindo esmola, vinha Luciana.

Então, Luciano estendeu a mão e pediu ajuda. Luciana, porém, não tinha moedas na bolsa — tinha apenas notas de valores altos.

— *Eu queria te ajudar, mas só tenho dinheiro graúdo. Me perdoa.*

Então, Luciano se levantou com raiva e exigiu que ela o ajudasse mesmo com valores altos. Mas ela se assustou e saiu correndo — e ele saiu correndo atrás dela. Quando se aproximou e a agarrou no meio de uma avenida bastante movimentada, sem que nenhum dos dois percebesse, veio um caminhão e atropelou os dois em cheio, passando por cima de ambos.

Deste modo, morreram juntos no mesmo local. As rodas do caminhão esmagaram seus crânios, e assim ambos morreram na mesma hora.

Ela foi levada ao paraíso pelos anjos de Deus e viveu feliz para sempre.

Mas ele foi levado ao abismo pelos anjos da morte. No inferno, não encontrou sua esposa nem sua filha — e descobriu que Deus, de fato, é verdadeiro. Mas já era tarde demais para se arrepender e voltar atrás em suas escolhas. Assim, chorou em tormentos no inferno, enquanto sua esposa e sua filha estavam em paz no paraíso — e viveram felizes para sempre no plano de Deus. Com isso, eu aprendo que vale a pena perseverar em seguir o Senhor, mesmo nos momentos difíceis, mesmo na dor, na angústia, na aflição e nas mazelas do pó. Bom mesmo é permanecer firme na presença de Deus.

Bom mesmo é ter a esperança em Cristo e na vida eterna — porque as dores desta vida passam. Mas, após esta vida, tudo será para sempre.

Capítulo 08

Um talento que foi uma bênção que virou uma maldição.

◉ Tópico 01 - Nasce um talento.

A Dona Cida, mãe do Romeu, era uma mulher supersticiosa; ela acreditava em horóscopo, em cartomantes, em simpatias, em santos, em pé de coelho, entre muitas outras coisas. Mas, quando ela se converteu a Cristo através da pregação do evangelho, todas as suas crenças inúteis nas superstições deixaram de existir para ela, pois ela conheceu a única verdade, isto é, o Senhor Jesus Cristo, e assim se libertou de toda mentira, de todo engano e de todo tipo de superstições fúteis. Ela teve um único filho, o Romeu, e sempre que ia à igreja, o levava com ela; desse modo, Romeu, que tinha apenas oito anos, aprendeu sobre Cristo na escola dominical.

Ele cresceu na igreja e nela permaneceu firme com Cristo.

Na adolescência, continuou firme na igreja e na fé em Jesus Cristo.

Não se desviou dos caminhos do Senhor; pelo contrário, negou a si mesmo e disse "não" aos seus colegas sempre que estes tentavam desencaminhá-lo das veredas da justiça. Eles o tentavam a fazer coisas tolas e bobas de adolescentes, tais como: pequenos furtos em mercados, mexer com as meninas da escola com intenções maliciosas, fumar cigarro, beber cerveja, arrumar confusão e brigas, entre muitas outras coisas de adolescentes rebeldes. Porém, Romeu permanecia fiel ao seu Salvador, mantendo-se longe das coisas que seus amigos de infância faziam, longe da tendência do mundo.

Para seus vizinhos e colegas, Romeu estava jogando fora a sua juventude, deixando de aproveitar as coisas boas e prazerosas da vida, vivendo uma vida reclusa de santidade e de temor a Deus; mas isso porque eles não tinham a mesma fé de Romeu. Porém, para Romeu, a vida era boa na presença do seu Deus. Ele amava os cultos da igreja, amava a Palavra de Deus, amava os louvores a Deus, amava cantar e adorar ao Senhor, amava seus irmãos em Cristo — enfim. Sim, ele amava a verdade, amava a salvação do Senhor, amava buscar a Deus. E como ele era talentoso! Sim, uma verdadeira bênção.

Ele tinha uma bela voz e cantava como um anjo. E não apenas isso: ele também escrevia lindas canções de louvor ao Senhor. Entretanto, não pensava em seguir uma carreira de cantor gospel, mas estava contente em apenas cantar na sua igreja, ministrando louvores ao Senhor nos dias de culto. Porque ele cantava com o coração cheio de alegria, para ele era uma honra levar a igreja à presença de Deus através da sua voz e do seu talento.

Sim, ele amava cantar e louvar ao seu Deus e Salvador — era um adorador nato. Mas as mazelas do pó sobrevieram cedo sobre sua vida, juntamente com a tristeza do luto. E realmente, na vida não há nada pior do que o luto.

Pois, quando era um pouco mais velho, sua mãezinha partiu para Cristo, ficando apenas ele e seu pai, que não era crente como ele, mas era um homem de bem. Porém, a ausência de sua mãe pesou sobre sua vida, e ele ficou muito deprimido por um bom tempo; assim, seu cântico cessou e sua voz se calou.

Ele perdeu a mãe quando ainda era muito jovem, mas, com o passar do tempo, as feridas foram cicatrizando, e o cântico foi voltando aos poucos, pois Deus o fortaleceu e o consolou. Desse modo, ele voltou a cantar para o Senhor. Quando completou vinte e dois anos de idade, apaixonou-se pela primeira vez por uma jovem recém-convertida que congregava em sua igreja.

Ela admirava muito Romeu por sua voz e por seu grande talento. Os dois se conheceram, começaram a namorar e, posteriormente, se casaram.

Romeu era um homem de Deus, mas não percebeu os sinais do verdadeiro caráter da mulher com quem se casou enquanto ainda namoravam, pois o amor o deixou cego. Além disso, ela era uma mulher bastante dissimulada, isto é, aparentava ser o que não era. Na verdade, ela começou bem sua caminhada com Cristo, mas não perseverou em fazer o bem; por isso, acabou se corrompendo diante das dificuldades da vida. Deixou a cobiça e a ganância dominarem seu coração e passou a amar a glória e as riquezas do mundo. Entretanto, ela não conseguia enxergar que estava corrompida e continuava pensando ser uma mulher de Deus; de fato, enganoso é o coração.

Mas Romeu andava com Deus com pureza e perseverava em fazer a vontade do Senhor, mesmo em meio às dificuldades. No começo do casamento, quando passaram a viver juntos, havia muitas dificuldades financeiras, pois ele trabalhava muito e ganhava pouco, e ela também trabalhava, mas ganhava menos do que ele. Na verdade, o dinheiro dava para ambos se sustentarem e viverem com dignidade. Porém, ela gostava de luxo e não gostava de poupar; por isso, gastava todo o dinheiro com coisas caras que iam além de suas condições financeiras, e o resultado eram dívidas sobre dívidas. Mas isso porque a cobiça enchia seus olhos gulosos. Via a glória do mundo e também queria ter o mesmo status e os bens que as pessoas prósperas do mundo possuíam — isso se chama cobiça. Por isso, ela decidiu consigo mesma, em seu coração, que iria se aproveitar do talento de Romeu para mudar de vida. Começou a instigar Romeu, dizendo-lhe que ele tinha talento para fazer muito sucesso e ganhar muito dinheiro no meio gospel. Romeu relutou no começo, mas depois considerou a ideia da mulher — não por dinheiro, e sim para servir a Deus através de suas músicas.

Sim, Romeu tinha boas intenções no coração e não estava pensando apenas no dinheiro; mas sua mulher, sim — esta só conseguia pensar no dinheiro que iria ganhar com as apresentações do marido. Ela estava corrompida pela cobiça, mas não percebia que estava corrompida; por isso acreditava que estava fazendo a vontade de Deus ao promover o sucesso de Romeu, quando, na verdade, estava pensando apenas em si mesma.

Querendo muito ver o sucesso do marido para depois colher os frutos, trabalhou diligentemente como empresária de Romeu e pegou gosto pela coisa; e, através do talento de Romeu e de seu árduo trabalho, os frutos começaram a surgir. Romeu começou a ganhar fama devido ao seu talento como cantor e compositor, e, junto com a fama, o dinheiro começou a entrar.

Suas músicas começaram a ser cantadas nas igrejas, seu nome começou a ganhar notoriedade, seu sonho estava se realizando e o dinheiro estava se multiplicando; pois, conforme sua fama crescia, o cachê pelas apresentações nas igrejas também aumentava. No início, Romeu achava errado cobrar tanto dinheiro para cantar para o Senhor; mas sua mulher fez sua cabeça e o convenceu de que ele realmente merecia ganhar o que estava ganhando, porque estava servindo ao Senhor e ganhando muitas almas para Deus e para o Seu Reino. E, de fato, é justo dizer que sua música cooperava com a obra de Deus, pois exaltava a Deus e tocava os corações das almas; isto é, sua música era uma boa ferramenta usada pelo Espírito Santo para quebrantar os corações endurecidos. E muitos aceitavam o evangelho com a ajuda de suas músicas. Porém, o sucesso o transformou em um ídolo — isso porque a maioria do povo nunca perde o costume de idolatrar tudo que se destaca, que é diferenciado e que faz sucesso. A idolatria do povo deturpa tudo que é bom.

Os idólatras entre o povo da igreja o exaltaram tanto que ele acabou se corrompendo. E assim, o sucesso transformou o que era para ser uma grande bênção em uma grande maldição; pois ele se corrompeu devido à glória que recebia dos homens e começou a pensar que poderia brilhar tanto quanto Deus. Tal como sucedeu com o Diabo, assim também sucede com os homens. Ele provou um pouco do luxo e gostou mais do luxo do que da simplicidade.

Suas apresentações se tornaram caríssimas, pois seu sucesso era estrondoso, e, por isso, ele se convenceu de que, por causa da fama, merecia ganhar muito. E já não servia mais ao Senhor, e sim aos seus próprios interesses egoístas e gananciosos. E, assim como sua esposa, ele também se corrompeu — mas não percebia que estava corrompido.

Pois ele acreditava estar servindo ao Senhor, e em parte servia a Deus, mas já não com integridade; porque buscava mais o dinheiro e a glória que vinha dos homens para si mesmo do que a glória e o louvor para o seu Deus.

Porém, ainda pensava ser um servo de Deus, mas, na verdade, servia mais a Mamom. Estava tão cego que não se lembrava mais disto: *"Ninguém pode servir a dois senhores; porque ou odiará a um e amará o outro, ou se dedicará a um e desprezará o outro. Não podeis servir a Deus e às riquezas."* (Mt 6:24)

Eles gostavam de viajar para o exterior, principalmente para Jerusalém — também conhecida simbolicamente como Sodoma e Egito — e gostavam de exibir seus luxos e suas riquezas nas redes sociais. Sim, e não sentiam o peso de suas maldades em suas consciências, pois estavam insensíveis à voz do Espírito. Por isso, engordavam em tempo de fome e se alegravam em tempo de luto. — *Graças a Deus! Os anos das vacas magras acabaram.*

Assim exclamava a esposa de Romeu, cheia de uma alegria mundana.

Em sua mente deturpada, pensava ser uma vencedora. Por isso, atreveu-se a ir mais longe e tornou-se empresária de outros cantores e pregadores. Com isso, ganhou muito dinheiro com os dízimos e com as ofertas do povo.

E como o mal nunca dorme nem perde oportunidade, eles caíram nas mais devassas tentações — isso porque o luxo os levou à luxúria, a carne prevaleceu e a imoralidade se estabeleceu na vida do casal. Entregaram-se aos prazeres da carne, bebiam bebidas alcoólicas e cheiravam cocaína; faziam isso na casa de swing que frequentavam de vez em quando, pois estavam embriagados com o perfume da grande Prostituta, isto é, a grande Babilônia.

E mesmo praticando tamanhas abominações, continuavam passando uma falsa imagem de bons servos de Deus. As igrejas continuavam contratando Romeu, mesmo ele cobrando um preço alto. E tinha mais: a igreja que o contratava para cantar também tinha que pagar as passagens de avião — e tinham de ser na classe executiva — além da hospedagem em hotel cinco estrelas, fora outras exigências que faziam aos seus contratantes débeis.

E quando Romeu subia ao púlpito para se apresentar, todos os olhos se voltavam para ele, e o povo lhe dava toda honra, toda glória e todo louvor — isto é, honrarias que deviam ser dadas somente a Deus estavam sendo dadas a Romeu. Mas o que o povo da igreja não sabia é que Romeu estava mais sujo do que pau de galinheiro, vivendo em pecado; porém, o povo o via como um santo servo de Deus. Ele podia enganar as ovelhas, mas não podia enganar o Pastor das ovelhas. Os olhos de fogo do Justo Juiz estavam vendo.

A idolatria do povo inflava seu ego humano, e ele se sentia uma celebridade — isto é, uma estrela acima de todos. Mesmo estando errado, vivendo uma vida de pecado, portava-se como um homem de Deus e conseguia enganar a todos com sua dissimulação. — *Santidade e fidelidade ao Senhor, todo adorador deve se lembrar disso! Glória a Deus, louvado seja o nosso Senhor. Sim, nós te amamos e te adoramos. A tua igreja te adora!*

Diante da igreja, ele era um anjo de Deus; porém, nos bastidores, tornava-se outro homem — cheio de arrogância e presunção, entregue à cobiça, à ambição, à ganância, ao egoísmo, à vaidade e aos prazeres devassos do mundo. Totalmente corrompido pela fama e pelo dinheiro.

O Espírito Santo se retirou, deixando um vazio irreparável em seu peito — um vazio que ele tentava preencher com prazeres mundanos, álcool e drogas.

Porém, em seu perfil nas redes sociais, sua vida parecia ser um pedacinho do Céu. Apresentava-se sempre sorrindo, sempre cheio da presença de Deus, sempre passando uma mensagem positiva de fé, orando de mãos dadas com sua esposa, sempre contente, beijando e abraçando a esposa, e sempre exibindo seus bens materiais e sua vida de luxo "abençoada por Deus".

Mas, na realidade, tudo aquilo não passava de um grande teatro.

Ele estava vencendo no mundo, conseguiu alcançar fama e muito dinheiro; era tão famoso que até a mídia secular o reconhecia. Contudo, ele não estava feliz. Entretanto, ainda havia tempo para se arrepender e voltar para Deus.

Mas sua esposa foi sua perdição, pois não queria se consertar com Deus — e também não deixava que ele se consertasse com Cristo. Dizia que não havia motivo algum para se consertar, pois estavam fazendo a vontade de Deus.

Mas, lá no fundo, ambos sabiam que não estavam fazendo a vontade de Deus. Foi por causa do amor ao dinheiro que nunca se consertaram com Deus. Porque, se o fizessem, suas consciências não lhes dariam descanso.

Não poderiam mais engordar em tempo de fome, tampouco continuar enriquecendo com a lã das ovelhas, nem negar esta verdade: *"Portanto, aquele que sabe que deve fazer o bem e não o faz, comete pecado."* (Tg 4:17)

Enfim, queriam continuar enriquecendo — mas não dava para continuar enriquecendo seguindo os preceitos mais relevantes de Cristo. Pois, andando com Cristo, não poderiam mais guardar todo o seu dinheiro para si mesmos, mas teriam que dividir tudo quanto tinham com os menos afortunados.

E eles não estavam querendo dividir suas riquezas com mais ninguém.

Muito pelo contrário, queriam ajuntar mais tesouros para si mesmos.

Contudo, eu acredito que eles poderiam ser salvos, mesmo engordando em tempo de fome e enriquecendo à custa da lã das ovelhas; mas teriam que abandonar o mundo, os prazeres imorais da carne e os vícios destrutivos.

Porém, teriam de conviver com suas consciências pesadas, e, para isso, precisariam ter um coração sincero. Além disso, teriam que se contentar com isto: *"Em verdade vos digo que eles já receberam sua recompensa."* (Mt 6:5)

Mas isso não aconteceu. Eles continuaram brincando de ser cristãos e não abandonaram os vícios e os prazeres mundanos; pelo contrário, afundaram-se cada vez mais nas suas concupiscências e cobiças. Isso porque amaram mais o mundo do que a Deus — por isso trocaram Deus pelo mundo.

E assim viveram de aparências durante muito tempo, enganando a igreja e enganando a si mesmos; passando-se por bons cristãos, porém, não sendo nada daquilo que aparentavam ser. Em outras palavras, viveram por muito tempo uma vida de mentiras — com um pé na igreja e o outro no mundo — apresentando-se à igreja como servos de Deus, mas vivendo no mundo segundo a vontade do diabo. Esqueceram-se da lei do retorno, que não está escrita diretamente, mas está nas entrelinhas; por isso, não deixa de ser verdadeira. E a Palavra não pode falhar: *"Não há nada encoberto que não venha a ser revelado, nem escondido que não venha a ser conhecido."* (Lc 12:2)

Depois de muitos anos enganando a igreja, por fim a verdade veio à tona.

E foi assim que aconteceu: Em uma certa noite de muita diversão e curtição mundana, o casal dissimulado bobeou. O outro casal que os acompanhava em suas devassidões filmou toda a libertinagem de Romeu e sua esposa — suas bebedices, seus usos de drogas ilícitas e suas imoralidades no leito conjugal. Aconteceu que os vídeos de Romeu e sua esposa vazaram e se tornaram virais na web. Foi um grande escândalo para os crentes que viram os tais vídeos reveladores, pois todos pensavam que Romeu — aquele que cantava lindas canções e louvores ao Senhor — era um servo de Deus.

Mas, ao verem os vídeos da vida libertina do cantor evangélico superstar, perceberam que ele era só mais um lobo em pele de ovelha. Isso destruiu a carreira e o ministério evangélico lucrativo do cantor e compositor Romeu.

O escândalo foi devastador, e a notícia saiu até nos telejornais. E foi um prato cheio para os caçadores de escândalos da web. Deste modo, o ministério gospel do cantor acabou, pois ninguém — nem igreja alguma — contratava mais Romeu para cantar, visto que ele havia caído em descrédito.

"Pois o que o homem semear, isso também colherá." (Gl 6:7)

A vergonha que ele passou foi grande; a zombaria dos caçadores de escândalos da internet foi pesada, sua honra e sua moral foram manchadas, e suas músicas pararam de ser tocadas nas igrejas — o que pra mim é uma grande hipocrisia. E assim, ele foi censurado no meio cristão. Do mesmo modo, os pregadores e cantores que eram empresariados pela esposa de Romeu também caíram em descrédito, pois toda a fraude foi revelada.

Por um longo tempo, eles foram as notícias principais do fuxico gospel. Entretanto, o casal já estava rico e não precisava mais do apoio da igreja.

Por isso, decidiram tirar uma longa férias no exterior, para relaxar e esquecer do escândalo. Ficaram um bom tempo fora, desfrutando de suas riquezas; e, quando voltaram, ninguém mais estava falando sobre eles — tudo já havia sido esquecido. Romeu tentou fazer sucesso no meio secular, porém sua tentativa foi um fiasco — não porque lhe faltasse talento, mas porque nem o meio secular digeriu ou aceitou a maldade que ele cometeu contra a igreja, isto é, contra seus fiéis fãs — isso sim é humilhante.

É isso mesmo: nem o mundo aprovou seu comportamento antiético.

Mas o pior ainda estava por vir.

Em uma consulta médica de rotina, a esposa de Romeu descobriu que estava com o vírus do HIV — e já fazia muitos anos que ela carregava esse vírus mortal. Como não sabia que estava infectada, também não procurou tratamento; por isso, o vírus já havia evoluído para seu estágio final: a AIDS.

Ela entrou em desespero ao receber essa triste notícia, chegou aos prantos em casa e contou tudo ao marido. Romeu também ficou desesperado, pois, se ela estava com o vírus, possivelmente ele também estaria. De fato, após os exames, foi constatado que ele também estava com o vírus há muito tempo — ou seja, também estava com AIDS. *"Não se deixem enganar: de Deus não se zomba. Pois o que o homem semear, isso também colherá."* (Gl 6:7)

Possivelmente, eles contraíram o vírus na casa de swing que frequentavam.

Depois de descobrirem que estavam doentes, afundaram-se ainda mais no refúgio inútil dos vícios. Não se lembraram mais de Deus, nem buscaram a salvação, pois estavam magoados com Deus devido às muitas calamidades que recaíram sobre suas vidas. Mas, na verdade, Deus não foi o culpado pelas calamidades que vieram sobre eles — tão somente colheram o que plantaram. *"O Senhor te ferirá com tuberculose e com febre, com inflamação, com calor forte, com seca, com crestamento e com ferrugem... [...] O céu sobre tua cabeça será de bronze, e a terra debaixo de ti será de ferro".* (Dt 28:22,23)

Sua esposa morreu primeiro, no leito de um hospital. Ficou apavorada ao ver os demônios vindo buscá-la para levá-la às prisões do inferno. E, no mais profundo abismo, o pavor tomou conta dela, e ela gritava de tanto tormento.

Depois de um tempo, ele morreu em uma briga de boteco, pois havia se embriagado tanto que acabou arrumando uma confusão que resultou em várias facadas no peito. No mais profundo abismo, lembrou-se de Deus — mas já era tarde demais. Sua única esperança estava em esperar o dia do juízo final; mas nenhuma alma, naquele lugar de tormento, podia saber quando esse dia chegaria. *"Ali haverá choro e ranger de dentes."* (Mt 13:42)

Um dia no inferno dura uma eternidade.

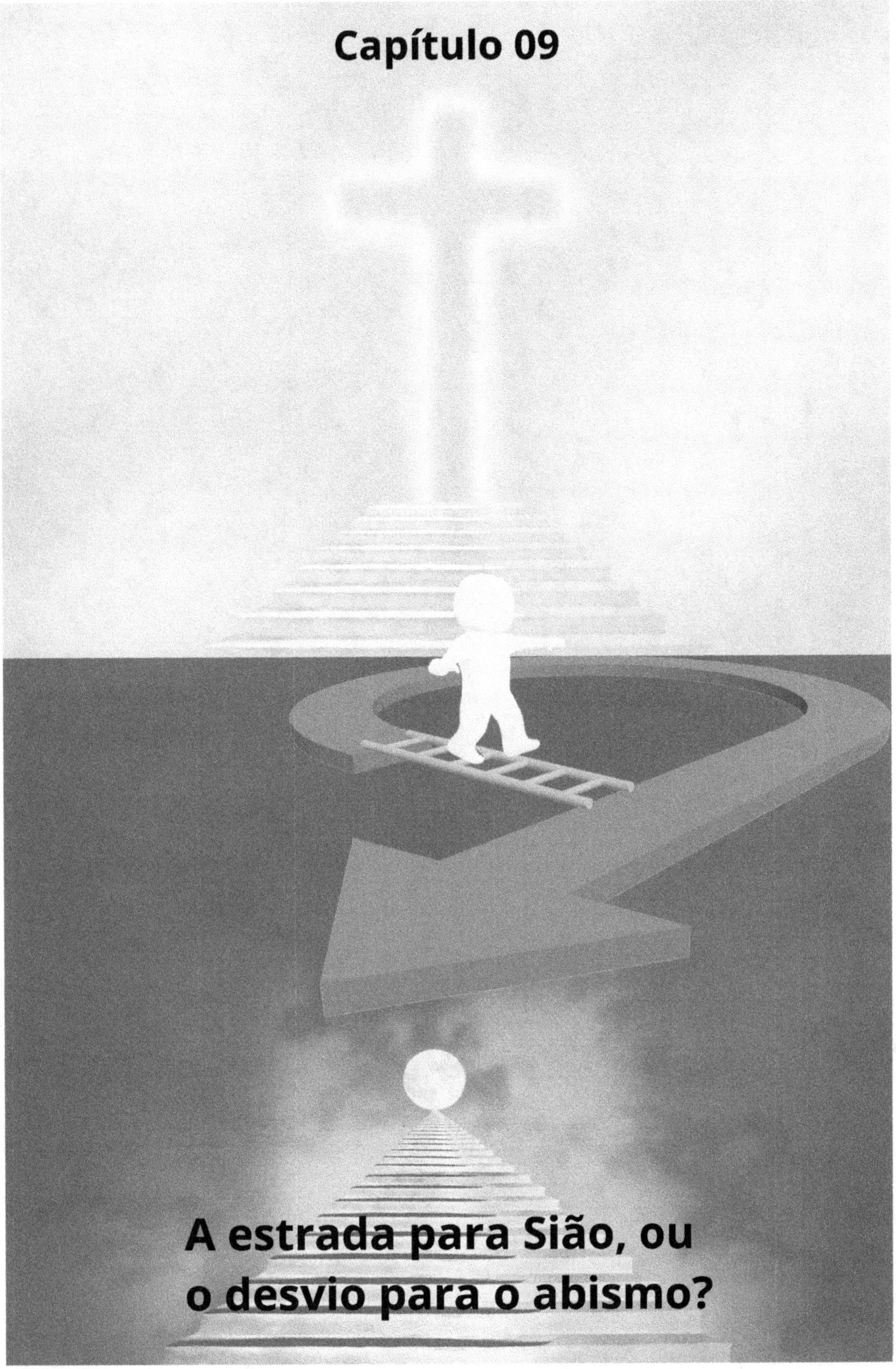

Capítulo 09

A estrada para Sião, ou o desvio para o abismo?

A estrada para Sião, ou o desvio para o abismo?

Isso é uma escolha que ninguém pode fazer por você, senão você mesmo.

Isso é uma escolha que ninguém pode fazer por mim, senão eu mesmo.

Existem muitas estradas nesta vida terrena, mas apenas uma leva a Sião.

E essa estrada se chama Jesus Cristo, o Filho de Deus; esta é a mais pura verdade. Todas as outras estradas que existem são meras superstições, são desvios que levam ao abismo. Não é a primeira vez que estou falando isso, e nem será a última: Só existe uma verdade — o Senhor Jesus Cristo; o resto é tudo superstição. Fora do Senhor Jesus, tudo é uma grande perda de tempo.

Há homens que pensam que são sábios e cheios de conhecimentos, mas a sabedoria deles é loucura para Deus, e seus conhecimentos e superstições são fezes sobre fezes que fedem. Não servem para nada, senão para levá-los à perdição eterna. Mas Cristo é manso, simples e humilde de coração.

Portanto, eu também vou andar na simplicidade de Cristo, segundo o meu Mestre anda; porque todo aquele que se autocapacitou e pensa ser o cara que já sabe de tudo, já está corrompido. Na verdade, ele não sabe, que nada sabe.

O conhecimento, o entendimento e a sabedoria corrompem tanto quanto o dinheiro corrompe. Não estou generalizando — é claro que existem casos à parte. Eu diria que, a cada cem homens, "um" não se corrompe; o resto se corrompe por causa da fraqueza da carne. Porque perdem a simplicidade de Cristo, tornam-se vaidosos e deixam a arrogância entrar. E quando a arrogância entra, o orgulho não a deixa sair. Esta é a grande ilusão do pó.

O homem é refém de si mesmo. *"Vês um homem que é sábio a seus próprios olhos? Há mais esperança para o tolo do que para ele. [...] Antes da ruína eleva-se o coração do homem, e a humildade precede a honra. [...] A soberba precede à ruína; e o orgulho, à queda. [...] Deus se opõe aos arrogantes, porém dá graça aos humildes. [...] A arrogância do homem será abatida, e a sua altivez será humilhada; só o SENHOR será exaltado naquele dia. [...] Ninguém se engane; se alguém dentre vós se considera sábio nesta era, torne-se tolo para vir a ser sábio. Porque a sabedoria deste mundo é uma tolice diante de Deus..."* (Pv 26:12) (Pv 18:12) (Pv 16:18) (Tg 4:6) (Is 2:17) (1Co 3:18,19)

Se as coisas são assim, continuarei sem saber de nada.

Direi que sou tolo e não sábio, direi que não possuo nenhuma sabedoria e nenhum conhecimento, direi que não tenho nenhum entendimento. E, de fato, eu nada sou e nada sei mesmo — mas confio na boa mão de Deus.

Tão somente o que me justifica é isto: a minha fé no Senhor Jesus Cristo.

Esta é a verdadeira sabedoria: crer em Deus e no Senhor Jesus Cristo.

Este é o verdadeiro Deus e a verdadeira sabedoria; o resto é superstição.

Este é o único caminho e o verdadeiro Deus: O Senhor Jesus Cristo.

Esta é a grande confusão da mente humana: os homens acreditam na ciência, mas não conseguem acreditar no Autor da ciência. Ah, se eles soubessem que a ciência em que tanto confiam é o próprio Deus Criador!

Confio na veracidade da Palavra de Deus, não porque os homens fizeram concílios para canonizá-la, mas porque eu não duvido da fidelidade de Deus.

A estrada para Sião, ou o desvio para o abismo? *"Passará o céu e a terra, mas as minhas palavras jamais passarão."* (Mt 24:35)

Vou permanecer firme na estrada para Sião, ainda que haja dificuldades; mas não pegarei o desvio para o abismo, mesmo que haja prazeres e facilidades. Não vou desistir da vida eterna, não vou me iludir com as coisas deste mundo maligno. Já decretei a minha morte, e os mortos não pulam carnaval na passarela dos prazeres terrenos; os mortos não se envolvem com as coisas da vida terrena na terra dos viventes, pois os mortos estão mortos.

Mortos para o mundo, contudo, vivos para Deus.

Deste modo eu vivo, e não morro; desta maneira eu subirei, e não descerei.

"Se o grão de trigo não cair na terra e não morrer, continuará ele só. Mas, se morrer, dará muito fruto." (Jo 12:24)

O que estou querendo dizer é isto: Ande na estrada que te levará a Sião, e jamais pegue o desvio para o abismo; porque o que realmente importa não está no mundo. O que realmente importa está na eternidade, além desta vida terrena. E eu, que não queria falar demais, acabei falando — porém, segundo a vontade do meu Deus. E ainda continuarei falando, se assim Ele quiser.

Que assim seja. Esse é o espírito que o Espírito me mandou passar; esse é o espírito enviado pelo Espírito; esse é o espírito dado a mim pelo Espírito — graças ao Deus Espírito. Quem entendeu o espírito da mensagem, amém.

Quem não entendeu o espírito da mensagem, paciência.

O desvio para o abismo está logo à frente da estrada que te levará a Sião.

Vigia para não entrar nesse desvio; olhe para Deus e siga a luz à sua frente.

Aqui termina o meu penúltimo testemunho. Assim Deus quis que fosse, e assim foi feito. A Palavra do Senhor não volta vazia para Ele, mas cumpre o seu determinado propósito, e chama à existência as coisas que ainda não existem — mas certamente hão de existir, pois Deus assim fará existir.

A Palavra de Deus jamais voltará vazia; o que Ele disse que será, será.

"Abraão creu em Deus, aquele que dá vida aos mortos e chama as coisas que não existem como se existissem." (Rm 4:17)

Pela graça e pela misericórdia de Deus: o que escrevi, escrevi.

Ou melhor dizendo: não eu, mas a graça de Deus que está comigo.

O peso do pó pesa sobre todas as almas. Sim, a vida é dura debaixo do sol.

Que a boa mão de Deus esteja com você, para não te deixar pegar o desvio para o abismo. A Deus somente seja o louvor, a honra, o domínio e a glória.

A Deus somente, e não a nós. Que assim seja.

Este que vos fala é o Cooperador Francisco, o maior dos pecadores.

Continua...

www.ingramcontent.com/pod-product-compliance
Lightning Source LLC
Chambersburg PA
CBHW081220130726
47997CB00009B/2729